中国佛学经典宝藏

106

张宏生 释译

星云大师总监修

人民东方出版传媒
東方出版社

图书在版编目（CIP）数据

辅教编 / 张宏生 释译. —北京：东方出版社，2018.11
（中国佛学经典宝藏）
ISBN 978 - 7 - 5060 - 8601 - 1

Ⅰ. ①辅… Ⅱ. ①张… Ⅲ. ①佛经②《辅教编》—注释③《辅教编》—译文
Ⅳ. ① B942

中国版本图书馆 CIP 数据核字（2015）第 289429 号

本书中文简体字版权由上海大觉文化传播有限公司独家授权出版
中文简体字版专有权属东方出版社

辅教编
（FUJIAO BIAN）

释 译 者：张宏生
责任编辑：王梦楠 杨 灿
出 版：东方出版社
发 行：人民东方出版传媒有限公司
地 址：北京市东城区东四十条 113 号
邮 编：100007
印 刷：北京京都六环印刷厂
版 次：2018 年 12 月第 1 版
印 次：2018 年 12 月第 1 次印刷
开 本：880 毫米 ×1230 毫米 1/32
印 张：8.875
字 数：142 千字
书 号：ISBN 978 - 7 - 5060 - 8601 - 1
定 价：48.00 元
发行电话：（010）85924663 85924644 85924641

版权所有，违者必究
如有印装质量问题，我社负责调换，请拨打电话：（010）85924602 85924603

《中国佛学经典宝藏》
大陆简体字版编审委员会

主任委员：赖永海

委　　员：（以姓氏笔画为序）

王月清　王邦维　王志远　王雷泉

业露华　许剑秋　吴根友　陈永革

徐小跃　龚　隽　彭明哲　葛兆光

董　群　程恭让　鲁彼德　温金玉

潘少平　潘桂明　魏道儒

总序

星云

自读首楞严，从此不尝人间糟糠味；

认识华严经，方知已是佛法富贵人。

诚然，佛教三藏十二部经有如暗夜之灯炬、苦海之宝筏，为人生带来光明与幸福，古德这首诗偈可说一语道尽行者阅藏慕道、顶戴感恩的心情！可惜佛教经典因为卷帙浩瀚、古文艰涩，常使忙碌的现代人有义理远隔、望而生畏之憾，因此多少年来，我一直想编纂一套白话佛典，以使法雨均沾，普利十方。

一九九一年，这个心愿总算有了眉目。是年，佛光山在中国大陆广州市召开“白话佛经编纂会议”，将该套丛书定名为《中国佛教经典宝藏》①。后来几经集思广

① 编者注：《中国佛教经典宝藏》丛书，大陆出版时改为《中国佛学经典宝藏》丛书。

益，大家决定其所呈现的风格应该具备下列四项要点：

一、启发思想：全套《中国佛教经典宝藏》共计百余册，依大乘、小乘、禅、净、密等性质编号排序，所选经典均具三点特色：

1. 历史意义的深远性
2. 中国文化的影响性
3. 人间佛教的理念性

二、通顺易懂：每册书均设有原典、注释、译文等单元，其中文句铺排力求流畅通顺，遣词用字力求深入浅出，期使读者能一目了然，契入妙谛。

三、文简意赅：以专章解析每部经的全貌，并且搜罗重要的章句，介绍该经的精神所在，俾使读者对每部经义都能透彻了解，并且免于以偏概全之谬误。

四、雅俗共赏：《中国佛教经典宝藏》虽是白话佛典，但亦兼具通俗文艺与学术价值，以达到雅俗共赏、三根普被的效果，所以每册书均以题解、源流、解说等章节，阐述经文的时代背景、影响价值及在佛教历史和思想演变上的地位角色。

兹值佛光山开山三十周年，诸方贤圣齐来庆祝，历经五载、集二百余人心血结晶的百余册《中国佛教经典宝藏》也于此时隆重推出，可谓意义非凡，论其成就，则有四点可与大家共同分享：

一、佛教史上的开创之举：民国以来的白话佛经翻译虽然很多，但都是法师或居士个人的开示讲稿或零星的研究心得，由于缺乏整体性的计划，读者也不易窥探佛法之堂奥。有鉴于此，《中国佛教经典宝藏》丛书突破窠臼，将古来经律论中之重要著作，做有系统的整理，为佛典翻译史写下新页！

二、杰出学者的集体创作：《中国佛教经典宝藏》丛书结合中国大陆北京、南京各地名校的百位教授、学者通力撰稿，其中博士学位者占百分之八十，其他均拥有硕士学位，在当今出版界各种读物中难得一见。

三、两岸佛学的交流互动：《中国佛教经典宝藏》撰述大部分由大陆饱学能文之教授负责，并搜录台湾教界大德和居士们的论著，借此衔接两岸佛学，使有互动的因缘。编审部分则由台湾和大陆学有专精之学者从事，不仅对中国大陆研究佛学风气具有带动启发之作用，对于台海两岸佛学交流更是帮助良多。

四、白话佛典的精华集萃：《中国佛教经典宝藏》将佛典里具有思想性、启发性、教育性、人间性的章节做重点式的集萃整理，有别于坊间一般“照本翻译”的白话佛典，使读者能充分享受“深入经藏，智慧如海”的法喜。

今《中国佛教经典宝藏》付梓在即，吾欣然为之作序，并借此感谢慈惠、依空等人百忙之中，指导编修；吉广舆等人奔走两岸，穿针引线；以及王志远、赖永海等大陆教授的辛勤撰述；刘国香、陈慧剑等台湾学者的周详审核；满济、永应等“宝藏小组”人员的汇编印行。他们的同心协力，使得这项伟大的事业得以不负众望，功竟圆成！

《中国佛教经典宝藏》虽说是大家精心擘划、全力以赴的巨作，但经义深邈，实难尽备；法海浩瀚，亦恐有遗珠之憾；加以时代之动乱，文化之激荡，学者教授于契合佛心，或有差距之处。凡此失漏必然甚多，星云谨以愚诚，祈求诸方大德不吝指正，是所至祷。

一九九六年五月十六日于佛光山

原版序

敲门处处有人应

慈惠

《中国佛教经典宝藏》是佛光山继《佛光大藏经》之后，推展人间佛教的百册丛书，以将传统《大藏经》精华化、白话化、现代化为宗旨，力求佛经宝藏再现今世，以通俗亲切的面貌，温渥现代人的心灵。

佛光山开山三十年以来，家师星云上人致力推展人间佛教，不遗余力，各种文化、教育事业蓬勃创办，全世界弘法度化之道场应机兴建，蔚为中国现代佛教之新气象。这一套白话精华大藏经，亦是大师弘教传法的深心悲愿之一。从开始构想、擘划到广州会议落实，无不出自大师高瞻远瞩之眼光，从逐年组稿到编辑出版，幸赖大师无限关注支持，乃有这一套现代白话之大藏经问世。

这是一套多层次、多角度、全方位反映传统佛教文化的丛书，取其精华，舍其艰涩，希望既能将《大藏经》

深睿的奥义妙法再现今世，也能为现代人提供学佛求法的方便舟筏。我们祈望《中国佛教经典宝藏》具有四种功用：

一、是传统佛典的精华书

中国佛教典籍汗牛充栋，一套《大藏经》就有九千余卷，穷年皓首都研读不完，无从赈济现代人的枯槁心灵。《宝藏》希望是一滴浓缩的法水，既不失《大藏经》的法味，又能有稍浸即润的方便，所以选择了取精用弘的摘引方式，以舍弃庞杂的枝节。由于执笔学者各有不同的取舍角度，其间难免有所缺失，谨请十方仁者鉴谅。

二、是深入浅出的工具书

现代人离古愈远，愈缺乏解读古籍的能力，往往视《大藏经》为艰涩难懂之天书，明知其中有汪洋浩瀚之生命智慧，亦只能望洋兴叹，欲渡无舟。《宝藏》希望是一艘现代化的舟筏，以通俗浅显的白话文字，提供读者遨游佛法义海的工具。应邀执笔的学者虽然多具佛学素养，但大陆对白话写作之领会角度不同，表达方式与台湾有相当差距，造成编写过程中对深厚佛学素养与流畅白话语言不易兼顾的困扰，两全为难。

三、是学佛入门的指引书

佛教经典有八万四千法门，门门可以深入，门门是无限宽广的证悟途径，可惜缺乏大众化的入门导览，不易寻觅捷径。《宝藏》希望是一支指引方向的路标，协助十方大众深入经藏，从先贤的智慧中汲取养分，成就无上的人生福泽。

四、是解深入密的参考书

佛陀遗教不仅是亚洲人民的精神归依，也是世界众生的心灵宝藏。可惜经文古奥，缺乏现代化传播，一旦庞大经藏沦为学术研究之训诂工具，佛教如何能扎根于民间？如何普济僧俗两众？我们希望《宝藏》是百粒芥子，稍稍显现一些须弥山的法相，使读者由浅入深，略窥三昧法要。各书对经藏之解读诠释角度或有不足，我们开拓白话经藏的心意却是虔诚的，若能引领读者进一步深研三藏教理，则是我们的衷心微愿。

大陆版序一

楼宇烈

《中国佛教经典宝藏》是一套对主要佛教经典进行精选、注译、经义阐释、源流梳理、学术价值分析，并把它们翻译成现代白话文的大型佛学丛书，成书于二十世纪九十年代，由台湾佛光文化事业有限公司出版，星云大师担任总监修，由大陆的杜继文、方立天以及台湾的星云大师、圣严法师等两岸百余位知名学者、法师共同编撰完成。十几年来，这套丛书在两岸的学术界和佛教界产生了巨大的影响，对研究、弘扬作为中国传统文化重要组成部分的佛教文化，推动两岸的文化学术交流发挥了十分重要的作用。

《中国佛学经典宝藏》则是《中国佛教经典宝藏》的简体字修订版。之所以要出版这套丛书，主要基于以下的考虑：

首先，佛教有三藏十二部经、八万四千法门，典籍浩瀚，博大精深，即便是专业研究者，穷其一生之精力，恐也难阅尽所有经典，因此之故，有“精选”之举。

其次，佛教源于印度，汉传佛教的经论多译自梵语；加之，代有译人，版本众多，或随音，或意译，同一经文，往往表述各异。究竟哪一种版本更契合读者根机？哪一个注疏对读者理解经论大意更有助益？编撰者除了标明所依据版本外，对各部经论之版本和注疏源流也进行了系统的梳理。

再次，佛典名相繁复，义理艰深，即便识得其文其字，文字背后的义理，诚非一望便知。为此，注译者特地对诸多冷僻文字和艰涩名相，进行了力所能及的注解和阐析，并把所选经文全部翻译成现代汉语。希望这些注译，能成为修习者得月之手指、渡河之舟楫。

最后，研习经论，旨在借教悟宗、识义得意。为了将其思想义理和现当代价值揭示出来，编撰者对各部经论的篇章品目、思想脉络、义理蕴涵、学术价值等所做的发掘和剖析，真可谓殚精竭虑、苦心孤诣！当然，佛理幽深，欲入其堂奥、得其真义，诚非易事！我们不敢奢求对于各部经论的解读都能鞭辟入里，字字珠玑，但希望能对读者的理解经义有所启迪！

习近平主席最近指出：“佛教产生于古代印度，但传入中国后，经过长期演化，佛教同中国儒家文化和道家文化融合发展，最终形成了具有中国特色的佛教文化，给中国人的宗教信仰、哲学观念、文学艺术、礼仪习俗等留下了深刻影响。”如何去研究、传承和弘扬优秀佛教文化，是摆在我们面前的一个重要课题，人民东方出版传媒有限公司拟对繁体字版的《中国佛教经典宝藏》进行修订，并出版简体字版的《中国佛学经典宝藏》，随喜赞叹，寥寄数语，以叙因缘，是为序。

二〇一六年春于南京大学

大陆版序二

依空

身材高大、肤色白皙、擅长军事的亚利安人，在公元前四千五百多年从中亚攻入西北印度，把当地土著征服之后，为了彻底统治这里的人民，建立了牢不可破的种姓制度，创造了无数的神祇，主要有创造神梵天、破坏神湿婆、保护神毗婆奴。人们的祸福由梵天决定，为了取悦梵天大神，需要透过婆罗门来沟通，因为他们是从梵天的口舌之中生出，懂得梵天的语言——繁复深奥的梵文，婆罗门阶级是宗教祭祀师，负责教育，更掌控了神与人之间往来的话语权。四种姓中最重要的是刹帝利，举凡国家的政治、经济、军事、文化等等都由他们实际操作，属贵族阶级，由梵天的胸部生出。吠舍则是士农工商的平民百姓，由梵天的膝盖以上生出。首陀罗则是被踩在梵天脚下的土著。前三者可以轮回，纵然几世轮转都无法脱离原来种姓，称为再生族；首陀罗则连轮回的因缘都没有，为不生族，生生世世为首陀罗，子孙也倒霉跟着宿命，无法改变身份。相对于此，贱民比首陀罗更为卑微、低贱，连四种姓都无法跻身其中，只能从事挑粪、焚化尸体等最卑贱、龌龊的工作。

出身于高贵种姓释迦族的悉达多太子，为了打破种姓制度的桎梏，舍弃既有的优越族姓，主张一切众生皆平等，成正等觉，创立了佛教僧团。为了贯彻佛教的平等思想，佛陀不仅先度首陀罗身份的优婆离出家，后度释迦族的七王子，先入山门为师兄，树立僧团伦理制度。佛陀更严禁弟子们用贵族的语言——梵文宣讲佛法，而以人民容易理解的地方口语来演说法义，这就是巴利文经典的滥觞。佛陀认为真理不应该是属于少数贵族、知识分子的专利或装饰，而应该更贴近普罗大众，属于平民百姓共有共知。原来佛陀早就在推动佛法的普遍化、大众化、白话化的伟大工作。

佛教从西汉哀帝末年传入中国，历经东汉、魏晋南北朝、隋唐的漫长艰巨的译经过程，加上历代各宗派祖师的著作，积累了庞博浩瀚的汉传佛教典籍。这些经论义理深奥隐晦，加以书写的语言文字为千年以前的古汉文，增加现代人阅读的困难，只能望着汗牛充栋的三藏十二部扼腕慨叹，裹足不前。

如何让大众轻松深入佛法大海，直探佛陀本怀？佛光山开山宗长星云大师乃发起编纂《中国佛教经典宝藏》。一九九一年，先在大陆广州召开“白话佛经编纂会议”，订定一百本的经论种类、编写体例、字数等事项，礼聘中国社科院的王志远教授、南京大学的赖永海教授分别为中国大陆北方与南方的总联络人，邀请大陆各大学的佛教学者撰文，后来增加台湾部分的三十二本，是为一百三十二册的《中国佛教经典宝藏精选白话版》，于一九九七年，作为佛光山开山三十周年的献礼，隆重出版。

六七年间我个人参与最初的筹划，多次奔波往来于大陆与台湾，小心谨慎带回作者原稿，印刷出版、营销推广。看到它成为佛教徒家中的传家宝藏，有心了解佛学的莘莘学子的入门指南书，为星云大师监修此部宝藏的愿心深感赞叹，既上契佛陀“佛法不舍一众”的慈悲本怀，更下启人间佛教“普世益人”的平等精神。尤其可喜者，欣闻现大陆出版方东方出版社潘少平总裁、彭明哲副总编亲自担纲筹划，组织资深编辑精校精勘；更有旅美企业家鲁彼德先生事业有成之际，秉“十方来，十方去，共成十方事”之襟怀，促成简体字版《中国佛学经典宝藏》的刊行。今付梓在即，是为序，以表随喜祝贺之忱！

二〇一六年元月

目　录

题解

契嵩（公元一〇〇七——〇七二年），字仲灵，自号潜子，俗姓李，藤州镡津（今广西省藤县）人。他七岁出家，十三岁得度落发，十四岁受具足戒，十九岁云游四方，问道参学。首常戴观音像，诵其名号，一天计十万声。他不仅深究佛法，而且对经史百家之书，都下过很深的功夫。他从筠州高安郡（今江西高安）洞山晓聪（公元？——〇三〇年）得法后，先是四处弘法，后来喜爱杭州湖山之美，于是居于灵隐寺的永安精舍。卒年六十六。

契嵩一生的重大事迹有二：一是撰写《传法正宗定祖图》《传法正宗记》和《传法正宗论》，厘定禅宗的印度世系为西天二十八祖；二是撰写《辅教编》，阐述儒释互补的思想。前者关于禅宗祖系的说法，在中国佛教史上具有一定的影响；后者则不仅是对近千年来儒释关系的历史总结，而且对宋代思想文化体系的形成也做出了重要贡献。《辅教编》的问世，带有明确的现实针对性。

北宋前期，是中国思想史上又一次发生深刻变化的时期。从胡瑗、孙复、石介诸公以至欧阳修等，不少思想家主张弘道济世，使得从东汉以后开始衰落的儒学又复兴起来。但是，这一复兴儒学的过程，也难免带有一般事物刚开始发展时的偏激。这表现在有些学者将实现恢复儒家道统的理想，建立在对其他各家学说排斥的基础上。这一点，可以欧阳修为代表。

欧阳修是北宋新儒学形成与发展中的一个重要人物。他识力敏锐，见解通达，善待后进，成就全面，一时成为儒林的中心。不过，他的思想也有一个发展过程。早年，为了恢复儒家道统，他效法韩愈，也致力于排佛。正如《宋史・欧阳修传》中所言："愈性愎忤，当时达官皆薄其为人，而公则喜其攘斥佛老。"当时人王辟之在其《渑水燕谈录》卷十《谈谑》中也记载道："欧阳文忠公不喜释氏，士有谈佛书者，必正色视之。"他的排佛理论，便集中体现在《本论》三篇之中。

《本论》提出的排佛理由大致有三：一是佛教传入中国千年，对政教有害无益；二是佛教"弃其父子，绝其夫妇"，不讲孝道，灭绝人性；三是佛为夷狄之人，其法不应行于中国。契嵩的《辅教编》既是针对《本论》而作，其主要论点，也大致集中在这三个方面。

先看佛教和政教的关系。契嵩认为，佛家的五戒与儒家的五常相通："五戒，始一曰不杀，次二曰不盗，次三曰不邪淫，次四曰不妄言，次五曰不饮酒。夫不杀，仁也；不盗，义也；不邪淫，礼也；不饮酒，智也；不妄言，信也。"五常是儒家政治伦理的核心，尤其是作为孔子仁学的基本范畴的仁，从"爱人"出发，通过对礼的注重，达到行为规范上的恭、敬、惠、义、宽、信、敏等，显然有助于治道。因此，契嵩指出："若向之所谓五戒十善云者，里巷何尝不相化而为之？自乡之邑，自邑之州，自州之国，朝廷之士，天子之宫掖，其修之至也，不杀必仁，不盗必廉，不淫必正，不妄必信，不醉不乱，不绮语必诚，不两舌不谗，不恶口不辱，不恚不仇，不嫉不争，不痴不昧。有一于此，足以诚于身而加于人，况五戒十善之全也？"假如世人都能按照五戒十善去修行，则"假令非生天，而人人足成善人，人皆善而世不治，未之有也"。

于是，契嵩进一步借宋文帝的话对此加以表彰："若使率土之滨，皆感此化，朕则垂拱坐致太平矣。夫复何事？"可见，五戒十善与五常仁义，名称虽异，本质实一，都有助于统治者治理和教化人民。然而，目的虽然一致，途径却有不同。儒释二家毕竟是两种学说，因而佛教也必然有儒家所不可代替的东西。在这个意义上，契嵩又进一步论述道："人之惑于情久矣！情之甚，几至乎敝薄。古圣人忧之，为其法，交相为治，谓之帝，谓之王。虽其道多方，而犹不暇救。以仁恩之，以义教之，赏欲进其善，罚欲沮其恶。虽罚日益劳，赏日益费，而世俗益薄。苟闻有不以赏罚，而民得迁善而远恶，虽圣如尧舜，必欢然喜而致之。"

在契嵩看来，推行王霸之道，赏罚交相为用，之所以未能尽臻治道，是由于只制其外，未感其内的缘故。制其外即使人言顺而貌从，感其内即使人心服而自修。心服而自修，也就是让世人知道："修其精神，善其履行，生也则福应，死也则其神清升。精神不修，履行邪妄，生也则非庆，死也则其神受诛。"如此而言："佛之道，岂一人之私为乎？抑亦有意于天下国家矣。"也就是说，奉佛并不仅仅是个人的道德完善问题，而且也有益于政教。因此，契嵩总结道："儒者，圣人之治世者也；佛者，圣人之治出世者也。"

在历史上，皇帝信佛，固然有政治混乱者，但同样也有政治清明者，关键是主体本身的问题。从这一点出发，契嵩广泛引证了历史上，特别是唐代崇奉佛道的圣君贤臣，如唐太宗、房玄龄、杜如晦、姚崇、宋璟、裴度、崔群、颜真卿、元紫芝等，以说明佛法有益于政教，还是有一定的说服力的。

次看佛教与孝道的关系。在儒家看来，孝是为仁之本，为德之本（分别见《论语·学而》和《孝经》），是维系社会家族伦理关系的中心，有助于维护封建统治秩序。但出家人剃发修行，违背了“身体发肤，受之父母”的古训，而且出家之后，不能侍亲，又不拜父母（唐高宗以后开始拜父母），因此，不可避免地要受到儒家的指责。对此，契嵩是这样看待的，第一，佛教并不排斥孝道，不仅不排斥，而且还提倡：“父母也者，形生之本也。……白刃可冒也，饮食可无也，此不可忘也。”所以，释迦牟尼将要成道之时，先要告诉母亲。父丧后，“躬与诸释，负其棺以趋葬”。目犍连丧母后，非常悲痛，看到母亲在饿鬼道轮回，便立誓救她出苦海。道丕遭遇乱世，身背母亲，逃到华阴山中，丐食以为养。慧约在父母临终时，悲哀号泣，不能自抑。这些佛教的圣人、名僧，哪里是不尽孝道呢？佛教戒律上说：“孝顺父母师僧三宝，孝顺至道之法。”把孝置于如此高的地位，确实不是无缘无故的。

第二，佛教虽然提倡孝道，但既然出了家，则对父母难免奉养有缺。因此，契嵩又提出孝行和孝理的问题。孝行，就是孝的某些具体表现；孝理，就是决定这些具体表现的本质。契嵩认为，行孝行尚是小孝，明孝理才是大孝。出家人的修行，“其为德也，抑亦至矣。推其道于人，则无物不欲善之，其为道抑亦大矣。以道报恩，何恩不报？以德嗣德，何德不嗣？己虽不娶，而以其德资父母；形虽外毁，而以其道济乎亲”。这种境界，应该比单纯的奉养双亲要高多了。

第三，进一步说，戒为孝先，能够奉行五戒，也就是孝，故云：“是五者修，则成其人，显其亲，不亦孝乎？是五者，有一不修，则弃其身，辱其亲，不亦不孝乎？”道德完善，品格修洁，能够使得双亲感到光荣和骄傲，也是孝。《礼记·祭义》中说：“君子之所谓孝也者，国人称愿然曰：‘幸哉，有子如此！’所谓孝也已。”这种对具体行为的超越，注重通过道德的完善来使双亲感到精神的愉悦，反映了儒释之间的某种一致性。当然，不可否认它是孝道的表现。

第四，从另一个方面看，修行也可以说是直接为了父母。佛教讲轮回报应，“故戒于杀，不使暴一微物，笃于怀亲也。谕今父母，则必于其道，唯恐其更生而陷神乎异类也。故其追父母于既往，则逮乎七世；为父母虑其未然，则逮乎更生”。在这个意义上，持戒就是为父母修福，就是报答父母的养育之恩，逻辑关系非常清楚。除此之外，契嵩关于孝道的理论，还有两点非常独特，值得特别提出来。一是他提出“佛子必减其衣钵之资，以养父母”的观点，是此前没有人提过的；二是佛教虽以泯灭爱恶、清净寂灭为旨归，但对父母和老师，却应该永远怀有感情。在这一点上，反映了契嵩对佛教的权实之道的灵活运用。

以上这些，足以表明契嵩确实把中国佛教史上的戒孝合一论发展到了一个新的高度。

复次，看夷夏之辨的问题。以夷夏之辨来排佛，并不始自欧阳修。在东汉末年，牟融即与有关的思想进行过辩论，而南朝宋初何承天及唐代的傅奕、韩愈等，也都有类似的说法。在这个问题上，契嵩的独特之处在于，他并不纠缠在地域上的夷夏概念，而是根据儒家的思想，去辨明什么叫作夷夏。

《论语・八佾》中说：“子曰：‘夷狄之有君，不如诸夏之亡也。’”孔颖达疏：“此章言中国礼义之盛，而夷狄无也。……夷狄虽有君长，而无礼义；中国虽偶无君，若周召共和之年，而礼义不废。”(《十三经注疏》第二四六六页）由此看来，孔子确是鄙视夷狄，但鄙视的根本原因在于夷狄的不知礼义。换句话说，只有不知礼义者才能贬之为夷狄。所以契嵩理直气壮地说：“《春秋》以徐伐莒不义，乃夷狄之；以狄人与齐人盟于刑得义，乃中国之。”就是从儒家的角度指出夷狄与中国的根本区别所在。

况且，“圣人者，盖大有道者之称也，岂有大有道而不得曰圣人？亦安有圣人之道而所至不可行乎？苟以其人所出于夷而然也，若舜东夷之人，文王西夷之人，而其道相接绍行于中国，可夷其人而拒其道乎？”可见，儒家的根本思想在道不在人，只要推行的学说正确，是什么地方的人倒是无关紧要的。在这个意义上，如果承认了佛教的有益政教、鼓励孝道等，那么，所谓夷夏之辨也就毫无讨论的必要了。《四库全书总目》卷一五二《镡津集》提要评价契嵩的文章“笔力雄伟，辨论锋起”，从其说理的富有逻辑性来看，确实如此。

欧阳修虽然效法韩愈排佛，但在态度上，与韩愈的“人其人，火其书，庐其居”（《昌黎先生文集》卷十一《原道》）的激烈却有所不同。他说：“尧舜三代之际，王政修明，礼义之教充于天下。于此之时，虽有佛，无由而入。及三代衰，王政阙，礼义废，后二百余年，而佛至于中国。由是言之，佛所以为吾患者，乘其阙废之时而来，此其受患之本也。”因此，他主张补阙修废，立足于礼义之本，来战胜佛教。（均见《欧阳文忠公集》卷十七《本论》）针对这一点，契嵩广泛征引儒家经典，以与佛理互相发明，并证明佛教的不违礼义。下面将《辅教编》中直接征引儒家经典的名称及次数，列表如次：

书目	次数
《礼记》	十二
《论语》	十一
《孟子》	八
《诗经》	二
《尚书》	二
《周易》	三
《孝经》	二

礼义是《本论》之本，契嵩旁征博引，论证佛教合乎儒家礼义，显然是釜底抽薪之法，也增强了其理论的说服力。念常《明教契嵩禅师》一文说契嵩“经传杂书，靡不博究”（《佛祖历代通载》卷二十八），其博学的程度，从这一点上也可以看出来。

儒释的论争自佛教传入中国不久便已开始，而援佛入儒也一直是许多佛教徒所致力的事业。契嵩的贡献在于，他在中国佛教史上明确打出“辅教”的旗帜，总结以往的思想遗产，对儒释关系进行了全面、系统的论述，并且提出了不少独特见解。这些，在中国思想史上都有着重要的意义。

应该顺便提出的是，欧阳修对于佛教的态度，到了晚年起了根本性的变化，即由排佛转为信佛。据南宋释志磐《佛祖统纪》卷四十五载："谏议欧阳修为言事所中，诏狱穷治，左迁滁州。明年将归庐陵，舟次九江。因托意游庐山，入东林圆通，谒祖印禅师居讷，与之论道。师出入百家，而折衷于佛法。修肃然心服，耸听忘倦，至夜分不能已。默默首肯，平时排佛为之内销，迟回逾旬不忍去。"这是仁宗庆历五年（公元一〇四五年）的事，大概是欧阳修第一次感到与佛道相契。

熙宁四年（公元一〇七一年）欧阳修致仕居颍后，似乎已经一心向佛。据《佛祖统纪》卷四十五引吴充所撰欧阳修《行状》载："欧阳永叔自致仕居颍上，日与沙门游，因自号'六一居士'，名其文曰《居士集》。"同卷载志磐的记述道："居士者，西竺学佛道之称。永叔见祖印，排佛之心已消，故心会其旨，而能以居士自号。又以名其文集，信道之笃，于兹可见。"但庆历五年欧阳修见祖印而有所契悟，正是他身遭贬谪之时，既处在逆境，与佛道有了某种相通，原是比较自然的。而且，从庆历五年到熙宁四年，跨跃了将近三十年，其间的发展轨迹是怎样的呢？

我们注意到，契嵩《镡津文集》卷十有《上欧阳侍郎书》一文，其中说："若某者，山林幽鄙之人无状，今以其书奏之天子，因而得幸下风。阁下不即斥去，引之与语温然，乃以其读书为文而见问。”可见，契嵩与欧阳修此时有一段非常融洽、投机的接触，而且，据文中所言，契嵩就是在这一次把《辅教编》呈送给欧阳修的。因此，如果说欧阳修受到了契嵩，特别是《辅教编》的某些影响，也是很自然的。

文莹《湘山野录》卷下就记载道：“治平（公元一〇六四—一〇六七年）中，以所著书曰《辅教编》携诣阙下，大学者若今首揆王相、欧阳诸巨公，皆低簪以礼焉。”（按：契嵩上书在仁宗嘉祐年间，时间早于治平，见中华书局版《中国佛教思想资料选编》第三卷第一册中陈舜俞《镡津明教大师行业记》及惠洪《明教嵩禅师》，文莹可能是误记。）由论敌而转为朋友，固然是中国思想史上的一段佳话，而欧阳修晚年思想的变迁，或许也可以从中找到线索。

《辅教编》、晁公武《郡斋读书志》及《宋史·艺文志》都著录为三卷，可见曾经单行刊刻。此外，它还见收于契嵩的《镡津文集》（《四库全书》本名《镡津集》）。该集常见的本子有《四库全书》本（《四部丛刊》三编即据以影印）、《大正大藏经》本、清光绪二十八年扬州藏经院刻本等。《四库全书》本和扬州藏经院本都作二十二卷，《大藏经》本则作十九卷，但两种版本的内容次第却没有什么不同，应该是出自同一渊源，只有个别地方有些文字出入。本书原文以扬州藏经院本为底本，遇有歧异处，则参校其他二本，择善而从，不另注出。

经
典

1　卷上

原教

原典

万物有性情，古今有死生。然而死生性情，未始不相因而有之。死固因于生，生固因于情，情固因于性。使万物而浮沉于生死者，情为其累也。有圣人[①]者大观，乃推其因于生之前，示其所以来也；指其成于死之后，教其所以修也。故以其道导天下，排情伪于方今，资必成乎将来。

夫生也，既有前后，而以今相与，不亦为三世乎？以将来之善成，由今之所以修，则方今穷通，由其已往之所习，断可见矣。情也者，发于性皆情也。苟情习有善恶，方其化也，则冥然与其类相感而成。其所成情习，有薄者焉，有笃者焉，机器有大者焉，有小者焉。圣人宜之，故陈其法为五乘者，为三藏[②]者。别乎五乘，又歧出，其繁然殆不可胜数。上极成其圣道，下极世俗之为农者、商者、技者、医者，百工之鄙事，皆示其所以然。

然于五乘者，皆统之于三藏，举其大者，则五乘首之。其一曰人乘，次二曰天乘，次三曰声闻乘[③]，次四曰缘觉乘[④]，次五曰菩萨乘[⑤]。后之三乘云者，盖导其徒超然之出世者也，使其大洁清污，直趣乎真际，神而通之，世不可得而窥之。前之二乘云者，以世情胶甚，而其欲不可辄去，就其情而制之。

曰人乘者，五戒之谓也。一曰不杀，谓当爱生，不可以己辄暴一物，不止不食其肉也。二曰不盗，谓不义不取，不止不攘他物也。三曰不邪淫，谓不乱非其匹偶也。四曰不妄语，谓不以言欺人。五曰不饮酒，谓不以醉乱其修心。

曰天乘者，广于五戒，谓之十善也。一曰不杀，二曰不盗，三曰不邪淫，四曰不妄语。是四者，其义与五戒同也。五曰不绮语，谓不为饰非言。六曰不两舌，谓语人不背面。七曰不恶口，谓不骂，亦曰不道不义。八曰不嫉，谓无所妒忌。九曰不恚，谓不以忿恨宿于心。十曰不痴，谓不昧善恶。然谓兼修其十者，报之所以生天也。修前五者，资之所以为人也。脱天下皆以此各修，假令非生天，而人人足成善人。人皆善而世不治，未之有也。

昔宋文帝谓其臣何尚之曰："适见颜延之、宗炳著论，发明佛法，甚为明理，并是开奖人意。若使率土之滨，皆感此化，朕则垂拱坐致太平矣。夫复何事？"

尚之因进曰："夫百家之乡，十人持五戒，即十人淳谨；千室之邑，百人修十善，则百人和睦。持此风教，以周寰区，编户亿千，则仁人百万。夫能行一善，则去一恶，去一恶则息一刑。一刑息于家，万刑息于国，则陛下之言坐致太平是也。"⑥斯言得之矣。

以儒校之，则与其所谓五常仁义者，异号而一体耳。夫仁义者，先王一世之治迹也。以迹议之，而未始不异也。以理推之，而未始不同也。迹出于理，而理祖乎迹。迹，末也；理，本也。君子求本而措末可也。《语》曰："视其所以，观其所由，察其所安，人焉廋哉？人焉廋哉？"⑦《孟子》曰："不揣其本，而齐其末，方寸之木可使高于岑楼。"⑧谓事必揣量其本，而齐等其末而后语之。苟以其一世之迹，而责其三世之谓，何异乎以十步之履，而诘其百步之履，曰：而何其迹之纷纷也，曷不为我之鲜乎？是岂知其所适之远近，所步之多少也！

然圣人为教，而恢张异宜。言乎一世也，则当顺其人情，为治其形生之间；言乎三世也，则当正其人神，指缘业乎死生之外。神农[9]志百药虽异，而同于疗病也；后稷[10]标百谷虽殊，而同于膳人也。圣人为教不同，而同于为善也。

注释

①**圣人**：这里指释迦牟尼佛。佛教原有此说法，如唐代道世《法苑珠林》卷五十四《受请·圣僧》云："设斋奉请，并有征瑞，圣人通感，不可备载。"编按：汉代武帝以后，儒家亦特指孔子为圣人。《辅教编》中的"圣人"往往儒、释并用，随文不同，读者需根据文意加以分辨。

②**三藏**：佛教全部典籍经、律、论的合称。经是释迦本人所说的教义；律是佛陀为佛教徒制定的必须遵守的规则及其解释；论是为阐明经、律而作的各种理论的解释和研究。

③**声闻乘**：悟四谛（苦、集、灭、道）之真理而得道者，称声闻乘。

④**缘觉乘**：悟十二因缘而得道者为缘觉乘，或称辟支佛乘。

⑤**菩萨乘**：修六度（布施、持戒、忍辱、精进、禅

定、智慧）之行而悟道得佛果称菩萨乘。

⑥宋文帝与何尚之的对话，见何尚之《答宋文帝赞扬佛教事》，载僧祐《弘明集》卷十一，文字略有不同。

⑦语见《论语·为政》。

⑧语见《孟子·告子下》。

⑨**神农：**传说中古帝名，相传曾教民造耒、耜以兴农业，尝百草为医药以治民疾病。

⑩**后稷：**周的始祖，善农耕，得到人民的普遍师法。后被任命为舜的农官。舜曾说过“后稷播时百谷”的话。见司马迁《史记·周本纪》中华书局一九五九年版，第一一二页。

译文

古往今来，万物都有性情，有死生。然而，死生性情本是互为因果的。死是因于生，生是因于情，情是因于性。万物之所以不能超越生死，都是由于情的缘故。圣人对此具有透彻的洞察力，于是，彻见生前的因缘，告诉世人今生的由来；指出死后的结果，告诉世人今生应该怎样行事。所以，用圣人所提出的行为规范来引导天下，便能摒弃现世的虚伪之情，获得来世的福报。

生既有前生、来生之说，再加上今生，不也就是三世吗？如果说来生的善果乃是由于今生所修，那么，今生的穷通无疑是由前生的行事所决定的。所谓“情”，只要是人性里的情念、习性都是“情”的表露。假如人在生前情有善恶，当其死后，该得到什么业报，冥冥中自然会有感应。人们一生的行事，有的浅薄，有的笃厚，其禀赋也有高低的不同。圣人认为，众人根机有区别是正常的，于是将他的学说分为五乘和三藏。除了五乘之外，还有许多其他学说，不胜枚举。奉行圣人之法，达到最高境界的人，可以超凡入圣；一般的人，无论是农民、商人、技工、医生，还是其他许多从事地位低下职业的人，圣人之道可以告诉他们如何安心立命。

不过，五乘虽然只是三藏的一个部分，作用却是最为重要的。所谓五乘，第一叫人乘，第二叫天乘，第三叫声闻乘，第四叫缘觉乘，第五叫菩萨乘。后面三者，是为了引导那些希望超然出世的信徒，使其精神彻底洁净，达到入化的境界，与圣道相沟通，以至于世人无法窥见其境界。前面二者，是由于世人感情太过胶固，欲望不能轻易抛弃，于是按照具体情形加以制约。

所谓人乘，指的是五戒。第一是不杀，这是说应该爱护生命，不要由于一己之求而轻易残害一物，更不用说食其肉了。第二是不盗，这是说不合乎仁义的便不取为己用，更不用说夺取他人的东西了。第三是不邪淫，这是说与自己配偶之外的人不乱来。第四是不妄语，这是说不用语言骗人。第五是不饮酒，这是说不因为喝醉而扰乱修心。

所谓天乘，含义比五戒广泛，具体表现为十善。第一是不杀，第二是不盗，第三是不邪淫，第四是不妄语。这四条，意思与五戒相同。第五是不绮语，即不说无义之话。第六是不两舌，即人前人后讲一样的话。第七是不恶口，即不骂人，也就是不说不该说的话。第八是不嫉，即对一切都不嫉妒。第九是不恚，即心中不存愤恨之念。第十是不痴，即分得清善恶。倘能兼修十善，则可以得到生于诸天的福报。若只修前五善，也可以帮助自己懂得该怎样做人。要是世人都能奉行十善，即使不能生往诸天，至少也可以成为善人。人人都有向善之心，天下怎么能不太平呢？

从前宋文帝对其臣子何尚之说："不久前读到颜延之、宗炳的著作，发扬佛法，颇为明达事理，而且对人多有启发和劝勉。假如整个境域之内，都能被佛法感化，那么，朕垂衣拱手，不用费什么力气，坐着就能让天下太平，哪里还用得着辛辛苦苦地做事？"

何尚之趁机进言道："百家之乡，能有十个人秉持五戒，那么便有十个人淳朴恭谨；千室之邑，能有一百个人兼修十善，那么便有一百个人和睦相处。把这样的风俗和教化推广到全国，千万乃至上亿人中，便会有百万个仁爱之人。奉行一善，便去掉一恶；去掉一恶，便减少一个犯法的人。每家减少一个犯法的人，全国便会减少成千上万个犯法的人。这样的话，便是陛下所说的坐致太平了。”这番话很有道理。

拿儒家的学说来加以比较，五戒十善与所谓五常（仁、义、礼、智、信），名称虽不同，本质上却是一样的。仁义是儒家先王治理其当时社会的方法。从外在表现来看，每个君王的方法各不相同，但其本质却完全一致。现象为本质所决定，而本质也可以通过现象表现出来。表现是末，本质是本。君子应该求本而舍末。《论语》中说：“考察一个人所结交的朋友，观察他为达到一定目的所采用的方式方法，了解他的心情，安于什么，不安于什么，那么，这个人怎能隐藏得住呢？这个人怎能隐藏得住呢？”《孟子》中说：“如果不揣度地面的高低是否一致，而只比较其顶端，那么，把一寸厚的木块放在高处，也会比尖角高楼还高。”这是说凡事必须先揣量最基本的东西，然后再讨论其他。假如根据治理当世的情形对三世之说加以责备，这何异于走了十步的鞋子去诘问走了百步的鞋子，说什么：“你的印迹为什么这样多呢？”它哪里知道，所去的地方有远近之别，所走的步数有多少之分。

圣人进行教化，对于正确的真理，即使彼此外在差别很大，也应加以推广。就当世而言，应该依照一般人的行为规范，对社会生活进行治理；就三世而言，则应该端正人的心神，指出生前死后的因缘报业。神农载录药材，名目虽各有不同，功效却都在于治病；后稷标识百谷，种类虽各有不同，却一样都能为人食用。儒释两家的圣人所提出的理论虽有不同，但出发点却一样，都在于为善。

原典

曰：佛之道，其治三世，非耳目之所接，子何以而明之？曰：吾谓人死而其神不死，此其验矣。神之在人，犹火之在薪也。前薪虽与火相烬，今所以火者曷尝烬乎？①曰：神理冥眇，其形既谢，而孰能御其所适，果为人耶？果为飞潜异类乎？曰：斯可通也。苟以其情习之业推之，则其报也不差。

子岂不闻《洪范》五福六极②之谓乎？五福者，谓人以其心合乎皇极，而天用是五者应以向劝之；六极者，谓人不以其心合乎皇极③，而天用是六者应以威沮之。夫其形存，而善恶之应已然；其神往，则善恶之报岂不然乎？佛经曰："一切诸法，以意生形。"此之谓也。

曰：谓佛道绝情，而所为也如此，岂非情乎？佛亦有情耶？曰：形象者举有情，佛独无情耶？佛行情而不情耳。曰：佛之为者既类夫仁义，而仁义乌得不谓之情乎？曰：仁者何？惠爱之谓也。义者何？适宜之谓也。宜与爱，皆起于性，而形乎用，非情何乎？就其情而言之，则仁义乃情之善者也。情而为之，而其势近权；不情而为之，而其势近理。性相同也，情相异也。异焉而天下鲜不竞，同焉而天下鲜不安。

圣人欲引之其所安，所以推性而同群生；圣人欲息之其所竞，所以推怀而在万物。谓物也，无昆虫，无动植，佛皆概而惠之，不敢损之。谓生也，无贵贱，无贤鄙，佛皆一而导之，使自求之。推其性而自同群生，岂不谓大诚乎？推其怀而尽在万物，岂不谓大慈乎？大慈，故其感人也深；大诚，故其化物也易。故夫中国之内，四夷八蛮[④]之外，其人闻佛之言，为善有福，为恶有罪，而鲜不恻然收其恶心，欢然举其善意，守其说，拳拳不敢失之。

若向之所谓五戒十善云者，里巷何尝不相化而为之！自乡之邑，自邑之州，自州之国，朝廷之士，天子之宫掖。其修之至也，不杀必仁，不盗必廉，不淫必正，不妄必信，不醉不乱，不绮语必诚，不两舌不谗，不恶口不辱，不恚不仇，不嫉不争，不痴不昧。有一于此，足以诚于身而加于人，况五戒十善之全也？岂有为人弟者而不悌其兄，为人子者而不孝其亲，为人室者而不敬其夫，为人友者而不以善相致，为人臣者而不忠其君，为人君者而不仁其民！是天下之无有也。

为之者，唯恐其过与不及为癖耳。佛岂苟癖于人焉。如此者，佛之道岂一人之私为乎，抑亦有意于天下国家矣，何尝不存其君臣父子耶？岂妨人所生养之道耶？但其所出不自吏而张之，亦其化之理隐而难见，故世不得而尽信。《易》曰："默而成之，不言而信，存乎德行。"[⑤]《孟子》曰："民日迁善而不知为之者。"[⑥]岂不然乎？

人之惑于情久矣！情之甚，几至乎敝薄。古圣人忧之，为其法，交相为治，谓之帝，谓之王。虽其道多方，而犹不暇救。以仁恩之，以义教之，赏欲进其善，罚欲沮其恶，虽罚日益劳，赏日益费，而世俗益薄。苟闻有不以赏罚，而得民迁善而远恶，虽圣如尧舜，必欢然喜而致之。岂曰斯人不因吾道而为善，吾不取其善，必吾道而为善，乃可善之。若是，是圣人私其道也。安有圣人之道而私哉？

夫游龙振于江海，而云气油然四起；暴虎声于山林，而飙风飕飕而来，盖其类自相应也。故善人非亲，而善人同之；恶人非恩，而恶人容之。"舜好问而察迩言，隐恶而扬善"[⑦]，及闻一善言，见一善行，若决江海，沛然莫之能御也。禹闻善言则拜。

孔子尝谓："善人吾不得而见之，得见有常者其可矣。"又曰："三人行，必得我师焉，择其善者而从之，其不善者而改之。"[8]颜子得一善，则拳拳服膺，不敢失之。[9]孟子谓："好善优于天下。"[10]又谓："诚身有道，不明乎善，不诚乎身矣。"[11]此五君子者，古之大乐善人也。以其善类，固类于佛。苟其不死，见乎吾道之传，是必泯然从而推之。

噫！亦后世之不幸，不得其相遇而相证，尚使两家之徒，犹豫而不相信。噫！人情莫不专己而略人，是此而非彼，非过则争，专过则拘。君子通而已矣，何必苟专；君子当而已矣，何必苟非。饮食男女[12]，人皆能知贵，而君子不贵，君子之所贵，贵其能知道而识理也。

注释

①薪尽火传的比喻，最早见于《庄子·养生主》："指穷于为薪，火传也，不知其尽也。"庄子借以宣传形骸有尽而精神不灭的观点。后来东晋慧远在其《沙门不敬王者论·形尽神不灭》中，借用这个比喻宣扬神不灭论。他说："火之传于薪，犹神之传于形。火之传异薪，犹神之传异形。"又说："前薪非后薪，则知指穷之术妙；前形非

后形，则悟情数之感深。惑者见形朽于一生，便以为神情俱丧，犹睹火穷于一木，谓终期都尽耳。”

②**五福六极：**《尚书·洪范》有五福、六极之说。五福包括寿、富、康宁、攸好德、考终命；六极（六种困厄）包括凶短折、疾、忧、贫、恶、弱。

③**皇极：**君权之法则。君权的建立是有其法则的。

④**四夷八蛮：**夷本指古代东方各族，蛮本指古代南方各族，二者合用，泛指四方少数民族，与中国（中原地区）相对。

⑤语见《周易·系辞上》。

⑥语见《孟子·尽心上》。

⑦语见《礼记·中庸》。

⑧孔子的两段话，都出自《论语·述而》。

⑨颜子事，出自《礼记》《中庸》。

⑩语见《孟子·告子下》。

⑪语见《孟子·离娄上》。

⑫**饮食男女：**出自《礼记·礼运》："饮食男女，人之大欲存焉。"意思是说食欲和性欲都是人的本能。

译文

问：若说佛道有前世、今世和来世，这些都是眼睛看不见，耳朵听不见的，您怎么能让人理解呢？答：我曾说过人死而神识不死的道理，由此即可验证。人身上的神识就和柴上的火一样，前面的柴烧完后，火种又传到后面的柴上，如此延续，没有穷尽。问：神识是看不见的，当它本来依附的形体消失后，如果它还存在的话，它是附在人身上的呢，还是附在天上飞的或水里游的动物身上呢？答：这是可以彼此相通的。以其今生所做的善恶和习气来推测，该得到什么业报，就会得到什么业报，不会有差错。

您有没有听过《洪范》中“五福”“六极”的说法？五福，指人心合乎圣人的范式，所以天用五种幸福来酬答、勉励他；六极，指人心不合乎圣人的范式，所以天用六种惩罚来威吓、阻止他。当形体存在时，已经呈现出现世祸福差别的报应了；那么，神识一旦离开形体，得到的结果怎能不与善恶报应有关呢？佛经上说：“一切法的生起，是由意念生成的。”说的就是这个道理。

问：有人说佛道绝情，现在见其有仁义善恶的理念，岂不就是包含人情吗？佛难道也有情吗？答：凡是有形象、情识的都有情，怎么可能唯独佛无情呢？佛只不过是超越世俗的情而不拘泥世间的情罢了。问：佛之所为既然和仁义相似，仁义难道不就是情吗？答：仁的意思是惠爱，义的意思是适宜。适宜和惠爱都是从本性中生出，而借用形体去表现出来的，这不是情是什么呢？从这个角度来看，仁义可以说是情中之最。做事时，若考虑到情，就近于权巧方便；若不考虑情，就是以理来加以推行。性本相同，情各有异。天下人若一味求异，就少不了争斗；若全都求同，就会长治久安。

圣人要引导天下走向长治久安，所以推己及人，认为众生的本性是相同的；圣人要平息争斗，能以宽阔的胸怀拥抱万物。就自然界之物而言，无论是昆虫还是动植物，佛都一概惠爱，不愿有丝毫损伤。就社会中的人而言，不分贵贱和贤鄙，佛都一视同仁，加以引导，让他们自求本性。佛能够把自性同于众生之性，难道不是大诚吗？能够以宽阔的胸怀拥抱万物，难道不是大慈吗？唯其如此，所以感人至深、化物至易。因此，在中国无论是中原地区，还是四方少数民族地区，人们闻知佛所谓为善有福、为恶有罪之言，无不心中有所感，去掉为恶之心，高高兴兴地发扬行善之道，坚守佛说，一点也不敢懈怠。

假如乡里之民都能奉行前面所说的五戒十善，彼此互相感化，效果必定很好。由乡推广到邑，由邑推广到州，由州推广到全国，朝廷中的官员和皇宫中的人也会受到影响。按这一标准去努力修行，不杀生必定仁爱，不盗窃必定廉洁，不邪淫必定正派，不妄言必定讲信义，不喝醉就不会乱来，不绮语就一定诚实，不当面一套、背后一套就不会讲谗言，不骂人就会避免羞辱，不愤怒就不会结仇，不嫉妒就可避免争斗，不痴迷就会保持清醒。所有这些，倘能做到其中的一点，便足以自己立身，并惠爱于人了，何况五戒十善都能做到呢？果真如此，天下便不会有做弟弟的不顺从兄长，做儿子的不孝顺父母，做妻子的不敬事丈夫，做朋友的不以诚相待，做臣子的对君主不忠，做君主的对子民不仁的事了。

对于奉行五戒十善的人，佛希望他合乎中道行事，合情合理地约束自己，养成好习惯。从这个意义来说，佛陀之道并不仅是个人的事，而是要对国家和社会有所关切，其中当然也很看重君臣父子的关系。这与人们日常所奉行的行为规范又有何妨碍呢？不过，由于佛的学说不经由官吏进行，加上其教化的原理表现得较为隐晦，所以世人不容易完全相信。《周易》上说："不事张扬而有所成就，不用说话而能取信于人，这是由于具有美好的道德品行。"《孟子》中说："百姓每天都向好的方向发展，却不知是谁使其如此。"不是与此一样的吗？

情这个东西，迷惑世人真是太久了。过分看重情的结果，使得世风日益败坏和浇薄。古代儒家的圣人对此很忧虑，于是制定许多法律，进行各种尝试，加以治理。尽管如此，效果仍然不佳。这表现在，尽管推行仁义使人们获得恩宠、领受教益，以赏来鼓励人们向善，以罚来阻止人们行恶，但赏罚的名目和投入的精力、资财越来越多，世风却日益浇薄。假如听说有什么可以代替赏罚使世人向善远恶，即使是尧舜那样的圣人，也必然乐观其成。如果说，圣人一定要求世人用自己那一套规范和方法来行善，否则就不承认是行善，那样的话，就是圣人把自己所推行的道视为私有了。圣人之道是不会这么狭隘的。

游龙奋飞于江海之上，云气随之油然四起；猛虎在山林中吼叫，飙风应声飔飔而来。这是由于龙与云、风与虎各从其类，因而能够互相感应。从这个观点来看，就可以知道为什么善人与善人之间虽无亲戚关系，却能够互相亲合；恶人与恶人之间虽未施与恩惠，却能够彼此见容。“舜乐于向别人求教，而且仔细辨察那些浅近的话。他包涵别人的缺点，表扬别人的优点。”他听到一句向善之言，看到别人做一点好事，心中的高兴就像江海决了堤，不可抑制。禹听到有人说向善之言，就对他行礼。

孔子曾经说：“善人是我看不见的，能看见有一定操守的人，也就行了。”又说：“几个人在一起，其中一定有我可以师法的人，我选取他们的优点学习，见到缺点就改正。”颜回听到了善道（中庸之道）之后，就牢牢地记在心中，一刻也不愿忘掉。孟子说：“喜欢听取善言，以此治理天下，便能应付自如。”又说：“要使自己诚心诚意，首先要明白什么是善，若不明白什么是善，就不能使自己诚心诚意。”这五位君子，是古代最喜欢善的人。他们所称道的善，与佛颇为相似。假如他们还活着，见到佛家学说的传播，一定是二话不说，加以推广。

唉！儒家诸君子与佛陀不能处在同一时代，互相印证各自的学说，以至于两家的传人相互猜疑，真是后世的不幸啊！一般人总是喜欢注意自己，忽略别人，肯定这一方面，否定另一方面。过于否定别人会引起争斗，过于肯定自己则胸怀不够宽阔。君子应该具有全面的眼光，不必拘泥一端；应该考虑什么是应该做的，不必动不动就否定别人。一般人把饮食和男女之事这种人之本能看得很重，但君子却不然，君子的可贵，就在于能够明析事理。

原典

今有大道远理若是，而余不知识，余愧于人多矣。尝试论曰：夫欲人心服而自修，莫若感其内；欲人言顺而貌从，莫若制其外。制其外者，非以人道设教，则不能果致也；感其内者，非以神道设教，则不能必化也。

故佛之为道也，先乎神而次乎人，盖亦感内而制外之谓也。神也者，人之精神之谓也，非谓鬼神淫惑之事者也。谓人修其精神，善其履行，生也则福应，死也则其神清升。精神不修，履行邪妄，生也则非庆，死也则其神受诛。

故天下闻之，其心感动，恶者沮而善者如之。如此默化，而何代无有？然其教之作于中国也，必有以世数相宜而来应，人心相感而至。不然，何人以其法修之，天地应之，鬼神效之？苟其宜之数之未尽，相感之理未穷，又安可以爱之而苟存，恶之而苟去？方之人事，若王者霸者，其顺时应人而为之，岂不然哉？况其有妙道冥权，又至于人事者耶！

夫妙道也者，清净寂灭之谓也。谓其灭尽众累，纯其清净本然者也，非谓死其生，取乎空荒灭绝之谓也。以此至之，则成乎圣神，以超出其世。冥权也者，以道起乎不用之用之谓也。谓其拯拔群生，而出乎情溺者也。考其化物自化，则皇道几之；考其权用应世，则无所不至。言其化也，固后世不能臻之；言其权也，默而体之，则无世不得。

昔者圣人之将化也，以其法付之王，付之臣，付之长者有力之人。非其私己而苟尊于人也，盖欲因其道而为道，因其善而为善。佛之经，固亦多方矣。后世之徒，不能以宜而授人，致其信者过信。令君有佞善，辄欲捐国为奴隶之下；[①]俗有浅悟，遽欲弃业专胜僧之高。此非谓用佛心而为道也。经岂不曰，诸佛随宜说法，意趣难解。故为佛者，不止缁其服，剪其发而已矣。然佛之为心也如此，岂小通哉？此有欲以如杨、墨[②]而讥之，夫杨、墨者，滞一而拘俗，以之方佛，不亦甚乎？

世不探佛理而详之，徒汹汹然诞佛，谓其说之不典。佛之见出于人远矣，乌可以己不见，而方人之见？谓佛之言多劫也诞耶，世固有积月而成岁，积岁而成世，又安知其积世而不成劫耶？苟以其事远，耳目不接，而谓之不然，则六艺[③]所道上世之事，今非承其传，而孰亲视之？此可谓诞乎？

谓佛言大也诞耶，世固有游心凌空而往，虽四隅上下窅然，曷尝有涯？方之佛，谓其世界无穷，何不然乎？谓佛言化也诞耶，世固有梦中而梦者，方其梦时，而其所遇事，与身世，与适梦，或其同，或其异，莫不类之。梦之中既梦，又安知其死之中不有化耶？佛之见既远，而其知物亦多，故圣人广其教，以教多类，欲其无所适而不化也。

今曰：佛西方圣人也，其法宜夷而不宜中国。斯亦先儒未之思也。圣人者，盖大有道者之称也，岂有大有道而不得曰圣人？亦安有圣人之道而所至不可行乎？

苟以其人所出于夷而然也，若舜东夷之人，文王西夷之人，而其道相接绍行于中国，可夷其人而拒其道乎？况佛之所出非夷也。

注释

①此指梁武帝。武帝姓萧名衍，字叔达。他崇信佛教，曾三次舍身同泰寺。

②**杨、墨：**战国时的两个学派。杨指杨朱，又称杨子，其学说重在爱己，不愿拔一毛以利天下。墨指墨翟，是墨家学派的创始人，其学说主张兼爱，反对儒家的繁礼厚葬。这两个学派都被当时的儒家视为异端。

③**六艺：**汉以后指儒家的六经，即《诗》《书》《礼》《易》《乐》《春秋》。

译文

现在有了这样高深的道理，我要是不能了解，比起别人，真是惭愧了。我曾试着发过这样的议论：要使别人心里服从，从而达到自我完善的境界，最好是了解他的内心活动加以感化；要使别人诚心顺从，最好是能使他控制自己的行为。后者若不用管理人的方法，就不能达到目的；前者若不从圣人之教的角度加以考虑，便会全无功效。所以，佛所采取的办法是先心神后人事，也就是先考虑感化内心，后考虑控制行为。神指的是人的精神，而不是鬼神一类的惑人心智的东西。佛说，人们要是能够整饬精神，一心行善，那么，活着时可以显出前世的福报，死后精神也能飞升到清净的世界中。若是不修精神，总是做坏事，活着并不是什么值得高兴的事，死后精神也要受到痛苦。

因此，世人知道了这番道理后，心中很有触动，莫不停止恶行，广做善事。像这样在不知不觉中进行感化的事情，哪个朝代没有呢？然而，佛教在中国兴起，一定是社会发展到了一定的程度，人的思想感情发展到一定的阶段，由于因缘、时机成熟而受到感应的结果。不然，个人的修行，怎么能使天地应和、鬼神仿效呢？假如与社会相适应、相感应的因缘还未完全成熟，对于佛教来说，怎么可以轻易地由于个人的好恶而定其去留呢？以人事打个比方吧！那些成就了王霸之业的人，哪一个不是顺应了时代和人心呢？何况佛教中有些精微的道理和冥冥中的力量，也还在人事中表现出来了呢！

所谓精微的道理，意指清净寂灭。就是指去掉一切外在的东西，完全体现出清净自然的本来面目，而不是说放弃生命，灭绝一切。以此清净的本来面目，就成就了圣人的神妙，超越世俗的制约。所谓冥冥中的力量，意指佛道中以不用为用之理，这样可以将众生救出情的困扰之中。从化物和自化的角度看，只有圣人才能达到这一境界；但从社会的角度看，则它的力量是无所不在的。佛陀之化是后世众生所做不到的，但就其实质而言，仔细加以体会，则可以适用于一切社会。

过去圣人临终的时候，要将事业付予地位高、能力强的君王、大臣或年长而有道德的人。圣人并不是从私利出发去抬举某人，而是希望后来者能继续推行自己的学说，力行善事。佛教的经典涉及许多方面，后世浅学者不能教给人最恰当的东西，因而导致世人对某些方面过分崇信。有的君王竟然错误地理解了向善之意，动不动就要放弃王位，去做低贱之事；世俗中那些一知半解的人，则总想放弃自己的职业，觉得做僧人最好。这些，都绝不是根据佛心来行事。佛经上不是说过吗？诸佛根据不同的时机因缘来说法，意趣不是一下子能懂的。因此，希望成佛的人，所要做的事，并不仅仅是穿上僧服、剃掉头发而已。这样看来，佛心真是非常通达的。有的人把佛等同于杨朱、墨子而加以讽刺，像杨朱、墨子这样的学说，只知一端，拘泥成见，怎么能和佛相提并论呢？

世人不肯认真正确地探究佛理，由于它比较高妙就认为它虚妄，对它进行猛烈攻击。佛的学说博大精深，怎么能够因为自己的认识不到，就否定真理本身呢？有人认为佛关于劫的说法是荒诞的，但我们都知道，若干个月构成一年，若干年构成一世，那么，又有什么理由说若干世不能构成一劫呢？假如认为佛所说的事情离我们太遥远，不能亲自耳闻目睹，加以验证，因而认为它们都不确实，那么，六艺上所说的上古的事，现在人并没有直接传承，也没有亲眼目睹，能说它们是虚妄荒诞的吗？

有人说佛理广大精深，但世上确实有人能够让其心神在无始无终的宇宙中遨游，这与佛说的宇宙无穷，不就是相通的意思吗？有人说佛陀所谓“意识”的说法虚妄，但世上确有梦中做梦的人，其中所遇到的事，与平素身世和梦中梦的情形虽不尽同，却也大略相似。梦中既然还能做梦，又怎能知道死后没有意识呢？佛的学说高远，又能广泛透彻万事万物，所以圣人要加以弘扬，让万物都受到教化，达到无处不化、无类不化的目的。

有人说，佛是西方的圣人，他的学说只适合于西夷，而不适合于中国。这是过去的儒家学者没有经过深思熟虑的想法。圣人就是道行特别突出的人，换句话说，道行特别突出的人都是圣人。如果承认这一点，那么，所有的圣人的学说，在任何地方都应该可以推行。假如凡是夷人就要否定其学说思想，那么，舜是东夷之人，文王是西夷之人，他们的学说思想却在中国得到了不断的继承，怎么能因为是夷人就一概加以拒绝呢？何况佛还并不是夷人呢！

原典

或曰：佛止言性，性则《易》与《中庸》云矣，而无用佛为，是又不然。如吾佛之言性，与世书一也，是圣人同其性矣。同者却之，而异者何以处之？水多得其同，则深为河海；土多得其同，则积为山岳；大人多得其同，则广为道德。呜呼！余乌能多得其同人，同诚其心，同斋戒其身，同推德于人，以福吾亲，以资吾君之康天下也。

曰：而何甚不厌耶？子辈杂然盈乎天下，不籍四民，徒张其布施报应以衣食于人，不为困天下，亦已幸矣，又何能补治其世，而致福于君亲乎？

曰：固哉！居，吾语汝。汝亦知先王之门，论德义而不计工力耶？夫先王之制民也，恐世敝民混而易乱，遂为之防，故四其民，使各属其属，岂谓禁民不得以利而与人为惠？若今佛者，默则诚，语则善，所至则以其道劝人，舍恶而趋善。其一衣食，待人之余，非黩也。苟不能然，自其人之罪，岂佛之法谬乎？《孟子》曰：

“于此有人焉，入则孝，出则悌，守先王之道，以待后之学者，而不得食于子。子何尊梓匠轮舆，而轻为仁义者哉？”[①]儒岂不然耶？

尧舜已前，其民未四，当此其人，岂尽农且工？未闻其食用之不足。周平之世，井田[②]之制尚举，而民已匮且敝。及秦废王制，而天下益扰。当是时也，佛、老皆未之作，岂亦其教加于四民而为病然耶？人生天地中，其食用恐素有分。子亦为世之忧太过，为人之计太约。

报应者，儒言休证咎证[③]，积善有庆，积恶有殃，亦已明矣。若布施之云者，佛以其人欲有所施惠，必出于善心。心之果善，方乎休证，则可不应之，孰为虚张耶？夫舍惠，诚人情之难能也。斯苟能其难能，其为善也，不亦至乎？《语》曰：“如有博施于民，而能济众，何如？可谓仁乎？”子曰：“何事于仁！必也圣乎！尧舜其犹病诸！”[④]盖言圣人难之，亦恐其未能为也。

佛必以是而劝之者，意亦释人贪吝，而廓其善心耳。世宜视其与人为施者，公私如何哉？不当傲其所以为施也。《礼》将有事于天地鬼神，虽一日祭，必数日斋。盖欲人诚其心，而洁其身也，所以祈必有福于世。今佛者，其为心则长诚，斋戒则终身，比其修斋戒之数日，福亦至矣，岂尽无所资乎？

曰：男有室，女有家，全其发肤以奉父母之遗体，人伦之道也。[⑤]而子辈反此，自为其修，超然欲高天下。然修之又几何哉？混然何足辨之。

曰：为佛者，斋戒修心，义利不取，虽名亦忘，至之遂通于神明。其为德也，抑亦至矣。推其道于人，则无物不欲善之，其为道抑亦大矣。以道报恩，何恩不报；以德嗣德，何德不嗣。己虽不娶，而以其德资父母；形虽外毁，而以其道济乎亲。泰伯[⑥]岂不亏形耶？而圣人德之。伯夷、叔齐[⑦]岂不不娶，长往于山林乎？而圣人贤之。孟子则推之曰："伯夷，圣之清者也。"[⑧]不闻以亏形不娶而少之。子独过吾徒耶？

夫世之不轨道久矣，虽贤父兄如尧、舜、周公，尚不能必制其子弟。今去佛世愈远，教亦将季，乌得无邪人寄我以偷安耶？虽法将如之何？大林中固有不材之木，大亩中固有不实之苗，直之可也，不可以人废道。

曰：而言而之教若详，诚可尚也，然则辨教之说皆张，于方今较之，孰为优乎？

曰：叟，愚也。若然者，皆圣人之教，小子何敢辄议。然佛吾道也，儒亦窃尝闻之。若老氏则予颇存意，不已而言之，诸教也，亦犹同水以涉，而厉揭有深浅。儒者，圣人之治世者也。佛者，圣人之治出世者也。

注释

①语见《孟子·滕文公下》。

②**井田：**相传是古代奴隶社会的一种土地制度。以方九百亩的地为一里，划为九区，其中为公田，八家均私田百亩，同养公田。因为形如井字，所以有这个名称。井田制从春秋以后逐渐崩溃。

③**休证咎证：**语见《尚书·洪范》，“证”应作“征”，但二字意思有相近处。

④语见《论语·雍也》。

⑤这句话的意思出自《孝经·开宗明义》，原文是：“身体发肤，受之父母，不敢毁伤，孝之始也。”

⑥**泰伯：**一作太伯，周太王的长子。他知道太王想立他弟弟季历为继承人，为了促成这一想法的实现，他就逃到荆越去，断发文身，自号句吴，成为春秋时吴国的始祖。

⑦**伯夷、叔齐：**商朝孤竹君的两个儿子。周武王伐纣，两人曾叩马谏阻。武王灭商后，他们耻食周粟，逃到首阳山，采薇而食，后来饿死在山里。封建社会中把他们当作高尚守节的典型。

⑧语见《孟子·万章下》。

译文

有人说，佛的学说仅限于言性，关于性，《周易》和《中庸》里都曾说过，不必采用佛说，这也是不正确的。佛家所说的性，如果与儒家典籍的记载相同，那就证明圣人的性都是一样的。相同的都要抛弃，不同的又该怎么处理呢？许多水汇在一起，才能深为河海；许多土积在一起，才能积为山岳；君子与君子聚集在一起，才能使道德得到推广。唉！我是多么盼望能多多结交志同道合的人，一起推诚心志，一起进行斋戒，一起用自己的德行影响世人，以此造福于亲人，帮助君王治理天下啊！

问：你怎么还不满足呢？像你这样的僧人遍布天下，与士、农、工、商这四种主要职业都不沾边，不过是靠着宣扬布施报应之说来获取衣食，不成为社会的负担，就算不错了，又怎么能有助于治理社会，造福于君王和亲人呢？

答：这种看法真是太鄙陋了，仔细听我对你说吧！你是否知道，在儒家先王的门下，是只重视德义、智慧，而不计较所花力气多少的吗？儒家先王治理人民时，唯恐社会分工不明而产生混乱，于是加以防范，把人民分为四种，使其各有所属，哪里是禁止人民做利他的好事？像现在的佛教徒，不说话时诚心修己，说话时劝人向善，所至之处无不用佛家学说开导世人，使人舍恶而趋善。他们的衣食，只不过是求得温饱而已，并非毫无节制。佛教徒中若有做不到的，那是他们自己的过失，怎么能说佛法错误呢？《孟子》中说："假如这里有个人，在家孝顺父母，出外尊敬长辈，严守古代圣王的礼法道义，用来培养后代的学者，却不能从你这里得到生活所需。你为什么尊敬木匠和赶车人，却轻视仁义之士呢？"儒家不就是这样认为的吗？

尧舜以前，人民并未分为四种，那时候的人，并不全都做工种田，但却没有听说有谁吃用不足的。周平王统治之时，井田制尚在实行，人民已经贫困不堪了。到了秦始皇统一天下，废除王制，整个社会更加动荡不安。在这些混乱的时代，佛、老学说都还没有出现，四民的悲惨处境，难道也是佛、老造成的吗？人生在天地之间，其吃穿用度恐怕都是注定的。您考虑到社会时未免忧虑太过，而考虑到人时，则想得太简单了吧！

说到报应，儒家也谈吉兆、凶兆，也就是善有善报、恶有恶报，二者没什么不同。像布施这件事，佛认为愿意布施的人，一定是出于善心。心如果真是善的，就必然会得到福报，怎能说是虚张声势呢？施舍是一般人不容易做到的事，不容易做却去做了，岂不是最大的善事！《论语》中说："假如有人能广泛地施惠于民，帮助大家生活得很好，他能称得上仁者了吗？"孔子答道："何止是仁者！这样的人一定是达到了圣人的境界。尧舜或者都难以做到哩！"这是说圣人也感到这并不容易，恐怕也做不到。

佛一定要以布施来劝世，用意在于化解世人的贪吝，恢弘世人的向善之心。对于布施之人，只应该考察他的动机是为公还是为私，不应该对布施本身加以讥评。据《周礼》记载，古人若有重要的事需要祭告天地鬼神，设祭一日，必须斋戒数天。这是为了端诚心志，洁净身体，以使自己的祈求得到天地鬼神的保佑，造福于社会。现在的佛教徒，其心志总是端诚的，而斋戒则终身不变，比起那些仅仅斋戒几天，就能得到福报的人，难道对社会就没有一点好处吗？

问：男子应该有妻室，女子应该有家庭，身体上的头发和肌肤都得自父母，应好好保护，这是人伦之常。现在佛教徒不这样做，只顾自己修行，欲超然于天下人之上，但又真正修到了多少呢？这种事含含糊糊，简直不值得一辩。

答：学佛之人，斋戒修心，不仅不取权利，甚至连名都不想要，修到一定境界就能契合圣道。这在德行上，也算达到极致了吧！将这一学说由己及人，加以推广，就能以善心对待万物，佛之道可谓至为广大。用道来报恩，一切恩都能报；用德来继承德，一切德都能得到继承。自己虽然不娶妻，却可以用德来帮助父母；自己的形体虽不够完整，却能够用道给亲人带来好处。泰伯的形体不是不完整吗？可是圣人都赞美他。伯夷、叔齐不是长期住在山林里，不曾娶妻吗？可是圣人却把他视为贤人。孟子则进一步说："伯夷是圣人之中清高者。"从来没有听到有人由于伯夷亏形不娶而说他不对。既然如此，您为何唯独批评僧众呢？

世人不走正道已为时很久了，即使是像尧舜和周公这样有贤德的为父兄者，也不一定能管好他们的子弟。现在距离佛陀的时代已远，佛教也无法尽善尽美，怎么会没有行为不正的人混迹于佛徒之中呢？即使用法来治理，又能有多少成效？大森林中总有不成材的树，种植千亩总有长不成的苗，对此，只应该设法补救，而不应该因人废道。

问：你谈佛教很翔实，让人觉得确实应该加以崇尚，不过现在人都喜欢比较诸教优劣，以你之见，哪一门教更好呢？

答：你真是个不开窍的人。儒、释、道三家都是圣人之教，我哪里敢轻易议论。但佛教是我所信奉的，儒教我私下里也有所了解。对于老子的道教，我也曾留意过。倘若一定要我说，我的见解是，如果把诸教的施行视为过河，虽同是涉水，深浅却有不同。儒教是圣人治理现实社会的，佛教是圣人治理现实社会外的事。

劝书第一

原典

余五书出未逾月，客有踵门而谓曰：仆粗闻大道，适视若《广原教》，可谓涉道之深矣。《劝书》者，盖其警世之渐也。大凡学者，必先浅而后深，欲其不烦而易就也。若今先《广教》而后《劝书》，仆不识其何谓也？

曰：此吾无他义例，第以兹《原教》《广原教》相因而作，故以其相次而例之耳。

客曰：仆固欲公擢《劝书》于前，而排《广教》于后，使夫观之者，先后有序，沿浅而及奥，不亦善乎？余然之矣。

而客又请之曰：若五书虽各有其目也，未若统而名之，俾其流百世而不相离，不亦益善乎？

余从而谢其客曰：今夫缙绅先生厌吾道者殷矣，而子独好以助之，子可谓笃道而公于为善矣。即为其命工移易乎二说，增为三帙，总五书而名之曰《辅教编》。

潜子为《劝书》，或曰：何以劝乎？曰：劝夫君子者自信其心，然后事其名为然也。古之圣人有曰佛者，先得乎人心之至正者，乃欲推此与天下同之。而天下学者反不能自信其心之然，遂毅然相与排佛之说，以务其名，吾尝为其悲之。夫人生名孰诚于心，今忽其诚说，而徇乎区区之名，惑亦甚矣！夫心也者，圣人道义之本也；名也者，圣人劝善之权也。务其权而其本不审，其为善果善乎？其为道义果义乎？

今学者以适义为理，以行义为道，此但外事中节之道理也，未预乎圣人之大道也，大理也。夫大理也者，固常道之主也。凡物不自其主而为，为之果当乎？汉人有号牟子①者，尝著书以谕佛道曰："道之为物也，居家可以事亲，宰国可以治民，独立可以治身，履而行之则充乎天地。"此盖言乎世道者，资佛道而为其根本者也。

夫君子治世之书，颇尝知其心之然乎？知之而苟排之，是乃自欺其心也。然此不直人心之然也，天地之心亦然，鬼神异类之心皆然，而天地鬼神，益不可以此而欺之也。然此虽概见百家之书，而百家者未始尽之。佛乃穷深极微，以究乎死生之变，以通乎神明之往来，乃至于大妙。故世俗以其法事于天地，而天地应之，以其书要于鬼神，而鬼神顺之。至乎四海之人，以其说而舍恶从善者，不待爵赏之劝，斐然趋以自化，此无他也，盖推其大诚与天地万物同，而天人鬼神自然相感而然也。

曰：此吾知之矣，姑从吾名教[②]乃尔也。曰：夫欲其名劝之，但诚于为善，则为圣人之徒，固已至矣，何必资斥佛乃贤耶？今有人日为善物，于此为之既专，及寝，则梦其所为宛然。当尔，则其人以名梦乎？以魂梦耶？是必以魂而梦之也。如此，则善恶常与心相亲。奈何徒以名夸世俗，而不顾其心魄乎？君子自重轻果如何哉？

注释

①**牟子：**东汉末年的牟融。其所著《理惑论》，见收于《弘明集》卷一，凡三十七篇。是书大旨在崇信佛道，而引儒家圣贤之言加以证解，所以《隋书·经籍志》将它列入儒家。引文见于其《理惑论》。

②**名教：**儒家以正名定分为中心的礼教。

译文

我的五篇文章写出后还不到一个月，有位客人亲临家门对我说：我粗浅地知道一些高深的道理，不久前看到你的《广原教》，觉得所阐述的学说真是非常深刻精微，而《劝书》诸作，则是以浅显的道理来警醒世人。

一般来说，学习都是先浅后深，因为这样才能避免烦难，容易掌握。像你现在这样，把《广原教》排在前面，而把《劝书》排在后面，到底是什么原因呢？

答：我没有什么特别的用意，只是由于先写成了《原教》，后复有所感，又写成《广原教》。于是按这个顺序，把《劝书》排在《广原教》之后。

客人又说：我很希望你能把《劝书》排在前面，把《原教》排在其后，这样可以使读者按照由浅入深的顺序加以理解，效果不是更好吗？我同意了他的意见。

客人接着又说：五篇文章是一个整体，虽各有标题，不如合起来，起一个总名，使其流传百世，不致离散，不是更好吗？

听了这些话，我对客人表示感谢，道：现在的官宦之人多不喜欢佛教，唯有您不仅喜欢，而且能帮助提出好的建议，您真是一个深明道理、推广为善之心的人。于是即刻让工匠把次序换了过来，分为三个部分，五篇文章的总名即为《辅教编》。

潜子写出《劝书》后，有人问：你想劝世人什么呢？答：我要劝君子首先相信自己的心，然后再去考虑外在的名。古时候有位圣人叫佛陀，他开悟，悟得正道，于是就想进一步加以推广，使整个天下的人都能达到这一境界。然而，世上有不少人却不能自信本心，竟然毫无顾忌地排斥佛的学说，以此获取某种名声，我真为他们感到可悲。人生在世，心为本真，名不过是虚假的。现在竟有人忽视本真之心，而一味去追求区区之名，真是太糊涂了！心是圣人道义的根本，而圣人谈名，不过是为了劝善的方便。如果有人只注重权变而忽略根本，那么，他所做的好事真是好事吗？他所施行的道义真的符合道义吗？

现在的学者认为符合义就是理，施行义就是道，这种道理还只是局限于外在表现，与圣人的精微之理无关。所谓精微之理，就是一般道理中最主要的。任何事情，倘若不从最主要的做起，难道能做好吗？汉代有个叫牟融的人，曾经写过文章宣传佛家学说。他说："道这个东西，如果有了它，居家可以很好地侍奉双亲，当了宰相可以有效地治理人民，独处时可以端正心志，只要愿意去做，整个天地间就无处不是道。"这是说世人之道，以佛陀之道为其根本。

君子研究世上的著作，是否也知道其中存在人人都可能有的正心？如果知道，但却轻易地排斥这种正心，那就是自己欺骗自己。当然，不仅人心如此，天地之心、鬼神异类之心都是如此，而天地鬼神之心是更不能这样来欺骗的。不过，这一点虽然在诸子百家的著作中都有所体现，但诸家却不能加以透彻说明。只有佛陀的学说深刻精微，能够仔细探究死生之间的变化，能够与神明相通，达到最高的境界。因此，奉行佛法，就会使得天地感应，鬼神保佑。普天下的人，倘若都能按照佛的学说而弃恶从善，那就不必用爵赏加以鼓励，大家都能够自然达到化境，因为，人们若是把自己最根本的真心推及到天地万物中去，天地鬼神自然会感应的。

那人说：这我知道，儒家的名教也就是这个意思。答：要想用名来劝勉世人，就必须告诉他们，能够成为圣人，就已是最大的名了，何必要靠排斥佛教来表现贤德呢？假如有人白天奉行善事，将整个身心都投入其中，那么他入睡以后所做的梦一定和白天的事有关。你说，这是他的名在做梦呢，还是他的魂在做梦呢？一定是他的魂在做梦。既然如此，则善和恶确是与心密切相关的。世人为什么只想炫耀名，而不顾及自己的神灵？君子到底应该怎样权衡是非呢？

原典

昔韩子以佛法独盛，而恶时俗奉之不以其方。虽以书抑之[①]，至其道本，而韩亦颇推之。故其《送高闲序》曰："今闲师浮图氏，一死生，解外胶，是其心必泊然无于所起，其于世必澹然无于所嗜。"[②]称乎大颠[③]则曰："颇聪明，识道理。"又曰："实能外形骸以理自胜，不为事物侵乱。”[④]韩氏之心于佛亦有所善乎！而大颠禅书，亦谓韩子尝相问其法，此必然也。

逮其为《绛州刺史马府君行状》乃曰：“司徒公之薨也，刺臂出血，书佛经千余言，期以报德。”又曰：“其居丧，有过人行。”又曰：“掇其大者为行状，托立言之君子，而图其不朽焉。”[⑤]是岂尽非乎为佛之事者耶？韩子，贤人也。临事制变，当自有权道，方其让老氏，则曰：“其见小也，坐井观天。曰天小者，非天罪也。”[⑥]又曰：“圣人无常师，苌弘、师襄、老聃、郯子之徒，其贤不及孔子。孔子曰：‘三人行则必有我师。’”[⑦]是亦谓孔子而师老聃也。

与夫《曾子问》[⑧]，司马迁所谓孔子问礼于老聃类也。然老子固薄礼者也，岂专言礼乎？是亦存其道也。验太史公之书，则孔子闻道于老子详矣。[⑨]昔孟子故摈夫为杨、墨者[⑩]，而韩子则与墨，曰：“孔子必用墨子，墨子必用孔子，不相用，不足为孔、墨。”[⑪]儒者不尚说乎死生鬼神之事[⑫]，而韩子《原鬼》[⑬]，称乎罗池[⑭]柳子厚之神奇而不疑。韩子何尝胶于一端，而不自通也？韩谓圣贤也，岂其是非不定，而言之反复？盖鉴在其心，抑之扬之，或时而然也。后世当求之韩心，不必随其语也。

曰：吾于吾儒之书见其心亦久矣，及见李氏《复性》[⑮]之说，益自发明，无取于佛也。曰：止渴不必柬井而饮，充饥不必择庖而食。得子审其心，为善不乱可也。岂抑人必从于我？不然也。他书虽见乎性命之说，大较恐亦有所未尽者也。

吾视本朝所撰《高僧传》[16]，谓李习之尝闻法于道人惟俨[17]，及取李之书详之，其微旨诚若得于佛经，但其文字与援引为异耳。然佛亦稍资诸君之发明乎！曰：虽然，子盍尽子之道欤？曰：于此吾且欲诸君之易晓耳，遽尽吾道，则恐世诞吾言，而益不信也。勿已，幸视吾书曰《广原教》者可详也。

注释

①韩愈排佛甚力，每见于著述，最有名的有《原道》《论佛骨表》等。

②文载《四部丛刊》本《昌黎先生文集》卷二十一，题为《送高闲上人序》。

③**大颠：**生卒年不详。禅宗僧侣，石头希迁法嗣。宪宗元和十三年（公元八一八年），韩愈因谏迎佛骨被贬至潮州，召大颠至州郡，留十数日。大颠后欲归山，作诗偈一首辞别韩愈。《祖堂集》卷五、《景德传灯录》卷十四有传。

④语出韩愈《答孟尚书书》，载《昌黎先生文集》卷十八。

⑤文载《昌黎先生文集》卷三十七，题为《唐故赠绛州刺史马府君行状》。

⑥语出韩愈《原道》，载《昌黎先生文集》卷十一。

⑦出自韩愈《师说》，载《昌黎先生文集》卷十二。按：这段话通行本作："圣人无常师。孔子师郯子、苌弘、师襄、老聃。郯子之徒，其贤不及孔子。孔子曰：'三人行，则必有我师。'"

⑧**《曾子问》**：《礼记》中的一篇，记载曾子向孔子问礼之事，其中有孔子引述老子的话。

⑨孔子问礼于老聃事，见《庄子·天运》《史记·孔子世家》及《老子列传》。

⑩**孟子故摈夫为杨、墨者**：孟子曾对杨朱和墨翟进行猛烈攻击，认为二家学说是目无君上，目无父母，如禽兽一般。见《孟子·滕文公下》。

⑪语见韩愈《读墨子》，载《昌黎先生文集》卷十一。

⑫**儒者不尚说乎死生鬼神之事**：孔子曾经说过："敬鬼神而远之，可谓知矣。""未知生，焉知死？"孔子还说："不语怪、力、乱、神。"分别见《论语·雍也》《先进》《述而》。

⑬**韩子《原鬼》**：韩愈《原鬼》，载《昌黎先生文集》卷十一。

⑭罗池：在今广西省柳州市东，唐时曾于池旁建庙，祀柳州刺史柳宗元。韩愈《昌黎先生文集》卷三十一有《柳州罗池庙碑》一文，记载柳宗元的神异之事，道：“（柳）尝与其部将魏忠、谢宁、欧阳翼饮酒驿亭，谓曰：‘吾弃于时而寄于此，与若等好也。明年吾将死，死而为神，后三年为庙祀我。’及期而死。三年孟秋辛卯，侯降于州之后堂，欧阳翼等见而拜之。其夕梦翼而告曰：‘馆我于罗池。’其月景辰，庙成大祭，过客李仪醉酒，慢侮堂上，得疾，扶出庙门即死。”

⑮李氏《复性》：李翱所撰写的《复性书》。李翱（公元七七二—八三六年），字习之，陇西成纪（今甘肃静宁西南）人，贞元十四年（公元七九八年）进士。历任校书郎、国子博士、史馆修撰，官至山南东道节度使。有《李文公集》传世。李翱的《复性书》通过谈心性来阐发儒家思想，其中不少地方显然受到佛教，尤其是禅宗的影响，比如他认为：“人之所以为圣人者，性也；人之所以惑其性者，情也。喜、怒、哀、惧、爱、恶、欲，皆情之所为也。情既昏，性斯匿矣，非性之过也。七者循环而交来，故性不能充也。”佛教说，人人心中都有佛性，只不过有的人被情习所迷，所以不能成佛。二者意思相近，至于李翱提出的用“弗思弗虑”“心寂不动”来恢复人的本性的方法，也与禅宗所谓“内无一物，外无

所求”的说法，几乎没有差别。

⑯**《高僧传》：** 也称《大宋高僧传》《宋高僧传》，北宋释赞宁撰。赞宁（公元九一九——〇〇一年），俗姓高，渤海（今属辽宁）人，生于德清（今属浙江）。精于南山律，有“律虎”之称。宋太宗时居天寿寺，赐号“通慧大师”，赐紫衣。《高僧传》一书系赞宁奉敕撰，成于端拱元年（公元九八八年），计三十卷。凡正传五百三十一篇，附传一百二十五篇，多数为唐代高僧传。此书与梁慧皎《高僧传》、唐道宣《续高僧传》齐名，是中国佛教史上著名的佛教著作。

⑰**惟俨：**（公元七五九—八二八年）唐代僧人，俗姓寒（一作韩），山西绛县人。十七岁出家，博通群经，严持戒律。先从石头希迁禅师密证心法，后参马祖道一。卒年七十（一说八十四），谥弘道大师。李翱闻法于惟俨事，见《宋高僧传》卷十七《唐朗州药山惟俨传》，其中记载道：“元和中李翱为考功员外郎，与李景俭相善。俭除谏议，荐翱自代，及俭获谴，翱乃坐此，出为朗州刺史。翱闲来谒俨，遂成警悟。又初见俨执经卷不顾，侍者白曰：‘太守在此。’翱性褊急，乃倡言曰：‘见面不似闻名。’俨乃呼，翱应：‘唯。’曰：‘太守何贵耳贱目？’翱拱手谢之，问曰：‘何谓道邪？’俨指天指净瓶曰：‘云在青天水在瓶。’翱于时暗室已明，疑冰顿泮。”

译文

过去韩愈处在佛法隆盛的时代，对有些人采取不正确的方法奉佛很反感。他虽撰文批评佛教，但对其中最根本的东西，却也颇为推崇。所以他在《送高闲上人序》一文中说：“高闲上人作为一个佛教徒，能够把生和死视为一体，把执着心神的外物统统摒除出去，他的心一定非常淡泊，不为外物所动。”他称道大颠则说：“非常有智慧，能够明道识理。”又说：“大颠确实能够超越具体的形体，以事理统摄心志，不为外物所扰乱。”韩愈的心中对佛法也是有所赞成的啊！而大颠在他所写的禅书里，也说韩愈曾经向他请教过佛法。因此，韩愈能有这种思想，也是必然的。

到了写《唐故赠绛州刺史马府君行状》时，韩愈这样说道：“（马父）司徒公死后，马氏刺破手臂，用血书写佛经达千余字，以此来报答父亲的恩德。”又说：“在服丧期间，他的行为有过人之处。”又说：“选择马氏最主要的事迹，委托作者写成行状，希望这样的事能够永远流传。”这样看来，韩愈哪里是完全否定佛教呢？韩愈是一位贤人，他对待具体的事，往往采取变通的方法，比如对老子，他一方面加以批评，说：“老子的见解浅薄、片面，就像坐井观天而说天小，其实这并不是天的过失。”

另一方面，他又说："圣人没有固定的老师，苌弘、师襄、老聃和郯子之类的人，贤德并不如孔子，孔子却也向他们学习。孔子曾说过'几个人在一起，一定有我可以师法的人在内'的话。"看来，韩愈也认为孔子曾师事老聃。

这种看法，与《曾子问》以及司马迁在《史记》中记载的孔子曾向老聃问礼的说法是一样的。不过，老聃本是鄙视礼的人，他怎么可能一味谈礼？谈话的重点应该是他所宣扬的道。考察司马迁的《史记》，可以看到孔子向老聃请教的详细记载。过去孟子排斥杨、墨两家，但韩愈却赞同墨子，他说："孔子一定会采用墨子的学说，墨子也一定会采用孔子的学说，若是互相排斥，二家的学说便都会不完整。"儒家不喜欢谈死生鬼神之事，但韩愈却写过《原鬼》一文，还很称道柳宗元死后显神异于罗池的事，对此深信不疑。韩愈何尝偏执一端而不知变通？韩愈是圣贤之人，哪里是是非含混，出尔反尔呢？只不过是心里掌握一定的原则，根据具体情形的不同，加以抑扬罢了。后世之人应该推求韩愈的本心，而不必只看他说的话。

有人说：我读儒家的著作已很长时间了，早已了解了儒家所说的心性，后来读到李翱的《复性论》，对此又有了进一步理解，用不着再学习佛家之说。答：要解渴，任何一口井的水都行；要充饥，任何厨房的食物都可充饥。你发现了自己的本心，一心行善，不做坏事，就已经达到了目的，哪里一定要求照佛陀之说去做？不必如此。但别家著作虽也有性命之说，从总体上看，恐还有不够透彻之处。

我读本朝赞宁所撰的《高僧传》，发现其中记载着李翱曾向惟俨学习佛法的事，待到拿来李氏的文章仔细阅读，里面的精微道理确像得自佛经，只是具体文字和援引典籍有所不同而已。这样看来，佛法也需要借助诸君加以推阐啊！那人又说：既然如此，您为什么不详尽地阐述佛法呢？答：我以前的做法，不过是希望大家容易理解罢了，如果一下子阐述过于详尽，恐怕世人会以为我的话虚妄，反而更加不相信了。如果有人愿意详细了解佛法，请读我所撰写的《广原教》一文。

劝书第二

原典

天下之教化者，善而已矣！佛之法非善乎？而诸君必排之，是必以其与己教不同而然也。此岂非庄子所谓："人同于己则可，不同于己虽善不善，谓之矜。"[①]吾欲诸君为公而不为矜也。《语》曰："多闻，择其善者而从之。"②又曰："君子之于天下也，无适也，无莫也，义之与比。"③圣人抑亦酌其善而取之，何尝以与己不同而弃人之善也。

自三代其政既衰，而世俗之恶滋甚，礼义将不暇独治，而佛之法乃播于诸夏。遂与儒并劝，而世亦翕然化之。其迁善远罪者有矣，自得以正乎性命者有矣，而民至于今赖之。故吾谓佛教者，乃相资而善世也。但在冥数自然，人不可得而辄见，以理而阴校之，无不然也。故佛之法为益于天下，抑亦至矣。

今曰：佛为害于中国，斯言甚矣！君子何未之思也？大凡害事，无大小者，不诛于人，必诛于天，鲜得久存于世也。今佛法入中国垂千年矣，果为害，则天人安能久容之如此也？若其三废于中国，而三益起之，是亦可疑，其必有大合乎天人者也。

君子谓其废天常，而不近人情而恶之，然其遗情当绝，有阴德乎君亲者也，而其意甚远，不可遽说。且以天道而与子质之。父子夫妇天常也，今佛导人割常情而务其修洁者，盖反常而合道也。夫大道亦恐其有所至于常情耳，不然，则天厌之久矣。

若古之圣贤之人，事于佛而相赞之者繁乎！此不可悉数，姑以唐而明其大略。夫为天下而至于王道者，孰与太宗？当玄奘出其众经，而太宗父子文之曰《大唐圣教序》。相天下而最贤者，孰与房、杜、姚、宋耶？若房梁公玄龄则相与玄奘译经；[4]杜莱公如晦则以法尊于京兆玄琬，逮其垂薨，乃命琬为世世之师；[5]宋丞相璟则以佛法师于昙一。[6]裴晋公勋业于唐为高，丞相崔群德重当时，天下服其为人，而天下孰贤于二公？裴则执弟子礼于径山法钦[7]，崔则师于道人如会、惟俨[8]。

抱大节，忠于国家天下，死而不变者，孰与颜鲁公？鲁公尝以戒称弟子于湖州慧明，问道于江西严峻。[9]纯孝而清正，孰与于鲁山元紫芝？紫芝以母丧，则刺血写佛之经像[10]。（已上之事见于刘煦《唐书》及本朝所撰《高僧传》）自太宗逮乎元德秀者，皆其君臣之甚圣贤者也。

借使佛之法不正而善惑，亦乌能必惑乎如此之圣贤耶？至乃儒者、文者，若隋之文中子[11]，若唐之元结[12]、李华[13]、梁肃[14]，若权文公[15]，若裴相国休[16]，若柳子厚[17]、李元宾[18]，此八君子者，但不诟佛为不贤耳，不可谓其尽不知古今治乱成败与其邪正之是非也。而八君子，亦未始谓佛为非是而不推之。如此诸君，亦宜思之。

今吾人之所以为人者，特资乎神明而然也。神明之传于人，亦犹人之移易其屋庐耳。旧说羊祜前为李氏之子[19]，崔咸乃卢老后身，若斯之类，古今颇有，诸君故亦尝闻之也。以此而推之，则诸君之贤豪，出当治世，是亦乘昔之神明而致然也，又乌知其昔不以佛之法而治乎神明耶？于此，吾益欲诸君审其形始，而姑求其中，不必徒以外物而自缪。今为书而必欲劝之者，非直为其法也，重与诸君皆禀灵为人，殊贵于万物之中，而万物变化芒乎纷纶，唯人为难得，诸君人杰愈难得也。

然此亦死生鬼神之惚恍，不足擅以为谕。请即以人事而言之，幸诸君少取焉。夫立言者，所以劝善而沮恶也。及其善之恶之，当与不当，则损益归乎阴德。今闾巷之人，欲以言而辱人，必亦思之曰：彼福德人也，不可辱之，辱则折吾福矣。然佛纵不足预世圣贤，岂不若其闾巷之福德人耶？今诋诃一出，则后生末学，百世效之，其损益阴德，亦少宜慎思之。

昔韩退之不肯为史，盖惧其褒贬不当，而损乎阴德也。故与书乎刘生曰："不有人祸，则有天刑。"又曰："若有鬼神，将不福人。"[20]彼史氏之褒贬，但在乎世人耳。若佛者，其道德神奇，恐不啻于世之人也，此又未可多贬也。列御寇称，孔子尝曰，丘闻"西方之有大圣人，不治而不乱，不言而自信，不化而自行，荡荡乎！民无能名焉[21]。"使列子妄言即已，如其称诚，则圣人固不可侮也。

注释

①语见《庄子·渔父》。

②语见《论语·述而》。

③语见《论语·里仁》。

④房玄龄（公元五七九—六四八年），齐州临淄（今山东省淄博市）人。名乔，以字行。年十八举进士。初仕隋，后秦王李世民（唐太宗）起兵，追随之。李世民称帝，玄龄为中书令，任宰相十五年。新、旧《唐书》都有传。据《旧唐书·玄奘传》，房玄龄和许敬宗曾受命召集五十多名僧人，帮助玄奘译佛经。

⑤杜如晦（公元五八五—六三〇年），字克明，京兆杜陵（今陕西省西安市东南）人。初为秦王府兵曹参军，参与机密。后太宗即位，官至尚书右仆射，与房玄龄共掌朝政，时称房杜。卒赠莱国公。新、旧《唐书》都有传。

玄琬（公元五六二—六三六年），俗姓杨，弘农（今属河南灵宝）人。初师长安延兴寺昙延，学《涅槃经》等，为其入室弟子。后受具足戒，从洪遵禅师习《四分律》。三年后，又依昙迁禅师习《摄大乘论》。以后专念教化，每逢佛诞日开讲设斋。贞观元年(公元六二七年)，奉敕为诸王授菩萨戒，以后召住普光寺。著有《赏罚三宝论》等。按：杜如晦推崇玄琬事，不见于《旧唐书》和《宋高僧传》，而见于《续高僧传》卷二十二，此或为作者误记。

⑥宋璟（公元六六三—七三七年），祖籍广平（今河北鸡泽），徙居邢州南和（今属河北）。少好学，弱冠举进士。初任上党县尉，累官尚书右丞相，谥文贞。新、旧《唐书》都有传。

昙一（公元六九二—七七一年），俗姓张，祖上为朝鲜人，徙居越州（今浙江绍兴）。唐景龙年间，昙一依大亮禅师学毗尼，通相部学。又依檀子法师学《唯识》《俱舍》，更就通儒研习《周易》《史记》等。开元二十六年（公元七三八年）主越州开元寺丈席，弘扬《四分》。至德年间任僧统。宋璟师事昙一事，见《宋高僧传》卷十四《唐会稽开元寺昙一传》。

⑦裴度（公元七六五—八三九年），字中立，河东闻喜（今属山西）人。贞元五年（公元七八九年）进士。唐宪宗时，任中书侍郎同中书门下平章事，督师讨平淮西，封晋国公。后又两度入相。新、旧《唐书》都有传。

法钦（公元七一四—七九二年），俗姓朱，昆山（今属苏州）人。二十八岁发心入道，修习牛头禅法。后赴余杭径山，结茅独处，一时来学者甚众。代宗和德宗都对他颇礼遇，诸大臣也都执弟子礼。法钦深于牛头禅，世称牛头六祖。裴度师事法钦事，见《宋高僧传》卷九《唐杭州径山法钦传》。

⑧崔群（公元七七二—八三二年），字敦诗，郡望为贝州武城（今山东武城西北）。贞元八年（公元七九二年）登进士第。历任翰林学士、中书舍人、礼部侍郎等职，后拜相。新、旧《唐书》都有传。

如会（公元七四四—八二三年），韶州（今广东韶关）人。初从国一禅师学，后归大愚，得省心源。众僧参叩请益，每至室不能容，床为之折，时号折床大会。晚居长沙东寺。

崔群师事如会事见《宋高僧传》卷十一《唐长沙东寺如会传》，传中说："相国崔公群慕会之风，来谒于门，答对浏亮，辞咸造理。自尔为师友之契。"崔群问道于惟俨事，见《宋高僧传》卷十七《唐朗州药山惟俨传》。

⑨颜真卿（公元七〇八—七八四年），字清臣，京兆万年（今陕西西安）人。开元二十二年（公元七三四年）进士及第。历任殿中侍御史、平原太守等职。安史之乱时，颜真卿起兵抵抗，附近十七州同时响应，聚众二十万，被推为盟主。广德二年（公元七六四年），进封鲁郡开国公，世称颜鲁公。建中三年（公元七八二年），任太子太师。当时淮宁节度使李希烈叛乱，颜真卿受命前往劝谕，屡被诱胁，始终不屈，于兴元元年（公元

七八四年）被李希烈缢杀。新、旧《唐书》都有传。

慧明（公元六九七—七八〇年），俗姓陈，兰陵（今江苏常州西北）人。二十三岁出家，习学《律藏》，颇有心得。在宛陵时，乡人好渔猎，受其感化，将渔猎之具全部焚烧。天宝五年(公元七四六年)，居鱼陂道场说法。后居佛川寺。颜真卿为慧明弟子，受菩萨戒，事见《宋高僧传》卷二十六《唐湖州佛川寺慧明传》。

严峻（公元七一一—七六九年），俗姓樊，潍州（今山东潍坊）人。十九岁时，进士及第，后由于父母亡故，出家为僧。通禅法，精持戒行。临坛时，被众僧奉为宗主。

颜真卿问道于严峻事，见《宋高僧传》卷十四《唐洪州大明寺严峻传》，传中说："大历元年，思往清凉山，未达庐陵，见颜鲁公，一言相契，胶漆如也。"

⑩元德秀（公元六九六—七五四年），字紫芝，世居太原（今属山西），后移居鲁山（今属河南）。开元二十一年（公元七三三年）登进士第。初任邢州南和县尉、龙武录事参军等职，后因家贫，求为鲁山令，世称"元鲁山"。元紫芝少时孤贫，事母至孝，母亡，刺血画佛像、写佛经。新、旧《唐书》都有传。

⑪**文中子：**王通（公元五八四—六一七年），文中子是他的号。王通出生在一个有着儒学传统的家庭，深受儒学思想影响。他曾任职于蜀郡，不久便辞职返乡，讲

学终老。著有《中说》。在这部著作中，他认为儒、释、道三教都有助于治世，并通过北魏太武帝和北周武帝的两次排佛事件，隐晦地批评儒学家对佛教势不两立的僵化态度。强调儒、释、道的融合，是他最重要的思想贡献。

⑫**元结：**（公元七一九—七七二年），字次山，河南鲁山（今属河南）人。天宝十二年（公元七五三年）进士及第。历任道州刺史、容州刺史，加授容州都督充本管经略使。著有《元次山集》。《新唐书》有传。

⑬**李华：**（公元七一五—七七四年），字遐叔，赵郡赞皇（今属河北）人。开元二十三年（公元七三五年）进士及第。初任南和尉，后入朝为监察御史，因执法严正，为奸党所嫉，改任右补阙。安史之乱后，曾入李岘幕府。李华曾撰《三贤论》，盛赞元德秀等三人。后人辑有《李遐叔文集》。新、旧《唐书》都有传。

⑭**梁肃：**（公元七五三—七九三年），字敬之，一字宽中，河南陆浑(今河南嵩县)人。历任校书郎、右拾遗、监察御史、翰林学士等职。梁肃倡导古文，韩愈、李翱等人皆师事之。又好佛，尤精天台教义，著有《释氏止观统例》。《新唐书》有传。

⑮**权文公：**权德舆（公元七五九—八一八年），字载之，天水略阳（今甘肃天水东北）人，家于润州丹阳

（今属江苏）。历任校书郎、中书舍人等职。贞元十八年（公元八〇二年）任礼部侍郎，三掌贡举，号为得人。后为礼部侍郎同中书门下平章事，卒于山南东道节度使任所，谥文。权德舆为政宽厚，为人直谅，为文雅正，受到当时人的推崇。有《权载之集》传世。新、旧《唐书》都有传。

⑯**裴相国休：**裴休（公元七九一——八六四年），字公美，河内济源（今属河南）人。唐长庆年间，擢进士第。历任中书舍人、户部侍郎、礼部尚书同中书门下平章事等职，并曾先后任昭义、河东、凤翔、荆南四镇节度使。新、旧《唐书》都有传。裴休善理财，他立新法治理漕运，改革税茶法，都颇有成效。他精于佛典，曾与义兴僧讲求佛理，演绎附着数万言。

⑰**柳子厚：**柳宗元（公元七七三—八一九年），字子厚，河东解（今山西运城西南）人。贞元九年（公元七九三年）登进士第。历任校书郎、监察御史等职。因参与王叔文革新集团，连连遭贬。卒于柳州刺史任上。著有《柳宗元集》，新、旧《唐书》都有传。柳宗元是唐代著名的思想家之一，他提倡援佛入儒，要求吸收佛学来丰富儒学，在当时和后世都产生了较大影响。

⑱**李元宾：**李观（公元七六六—七九四年），字元宾，郡望陇西（今属甘肃），寓家于吴（今江苏苏州）。

贞元八年（公元七九二年）进士及第。曾与韩愈同游于梁肃门下，备受称赞。官太子校书郎。李观以古文知名当世，受到韩愈的推崇。《新唐书》有传。

⑲**羊祜前为李氏之子：**据《晋书·羊祜传》载，羊祜五岁时，喜欢玩一个金环，这个金环原是隔壁李氏死去的儿子丢失的东西，因此，当时人都认为李氏的儿子就是羊祜的前身。

⑳韩愈曾写有《答刘秀才论史书》一文，认为写史的人“不有人祸，则有天刑”。唐代二百年来，圣君贤相，文臣武将不可胜数，以一人之力，不可能搞清楚。而且，传闻不同，情况复杂，历史事实中掺杂着许多个人感情，使史官不好落笔。倘褒贬不当，则一定不会得到鬼神的福佑。因此，他表示自己不愿意当史官。

㉑语见《列子·仲尼》。按：此段首句《四部备要》本作“西方之人有圣者焉”。

译文

所谓教化，是为了使天下人都能向善。佛家学说难道不善吗？世上有些人一定要排斥它，想必是由于它与自己所信奉的学说不同的缘故。这岂不就是庄子所说的：“别人要是和自己相同，就说他好；别人要是和自己不同，即使好也不说他好。这种做法叫作自以为是。”我希望这些人能以公正心，而不要自以为是。《论语》中说："多多地听，选择其中好的加以接受。"又说："君子对于天下的事情，没规定要怎么做，也没规定不要怎么做，怎么做合理，就怎么做。"圣人对待事情就是这样择善而从，从不会因为与自己不同，就连别人的好处也不承认。

自夏、商、周三代以来，社会政教逐渐衰微，世人的恶行越来越严重，只用礼义，恐怕已无法加以治理，所以佛教才能在中国传播开来。佛教与儒教一起劝勉世人，达到了良好的效果。由于学习了佛法，有的人能向好的方面转变，而抛弃了恶行，有的人能够发现自己的本心，所以直到现在，世人还离不开它。因此，依我看来，佛教是帮助世人为社会做好事的。至于冥冥中的定数，人们当然不会随便就能知道，但私下里用事理加以推论，当可得知确是如此。所以说，佛教对社会是大有益处的。

有人说：佛法对中国有害，这话太过分了！怎么不好好想想呢？大凡有害的东西，不管是大是小，均为天、人所不容，因此，绝不会长期存在的。到现在为止，佛教传入中国快一千年了，如果真的有害，天和人岂会如此长期容忍它？佛教在中国历史上曾三次受到排斥，又总是能够很快地恢复发展起来。有人对此感到奇怪。其实，这里一定有与天理人心非常符合的东西。

有人说佛教废弃天常，不近人情，因而不喜欢它；他却没有想到，佛教的所谓绝情，正是为君王和双亲积阴德。不过这里面的意蕴非常深微，不是三言两语可以说得清楚。就拿天道来跟你讨论吧！人类当然都有父子、夫妇之情，佛教要人把这些割舍掉，专门修心，这虽然违反常情，但却符合人们最根本的追求。最高深的义理，恐怕总会在人们的常情中表现出来，否则，上天早就抛弃它了。

古代信奉佛法而又帮助推行佛法的圣贤之人，确是不少啊！姑且以唐代来略加证明。在唐代，治理天下而达到王道的君王，谁能比得上太宗？玄奘译出大批佛经后，太宗父子就为他写了一篇《大唐圣教序》。帮助君王治理天下最贤良的宰相，谁能比得上房玄龄、杜如晦、姚崇、宋璟？房玄龄帮助玄奘翻译佛经；杜如晦推崇玄琬的佛法，临终时，要求玄琬世世代代做他的老师；宋璟则向昙一学习佛法。裴度的勋业在唐代很高，崔群丞相的品行被当时所推重，他们的人品得到整个社会的信服，他们的贤德谁能比得上呢？可是裴度却拜径山的法钦为师，崔群拜如会、惟俨为师。

要说怀抱大节，忠于国家天下，至死不变者，谁能比得上颜真卿？颜真卿曾受菩萨戒，拜湖州的慧明为师，并向江西的严峻请教佛法。要说纯孝清正，谁能比得上鲁山的元紫芝？元紫芝的母亲死后，他刺破身体，用血来写佛经，绘佛像。（以上事迹见刘煦所撰《新唐书》和本朝赞宁所撰《高僧传》）从太宗到元紫芝，他们都是君臣中最有贤德的人。

假如佛法不正，而只是善于蛊惑人心，又怎么能蛊惑这么多圣贤呢？至于一些学术成就高或者善于文辞的人，如隋代的王通，唐代的元结、李华、梁肃、权德舆、裴休、柳宗元、李元宾，这八位君子，只不过在不排佛这一点上，缺乏某些人所说的贤德而已，却不能说他们丝毫不知古今社会的治乱成败和邪正是非。但这八位君子仍然认为佛法正确并加以推广。对于上述这些仁人君子，人们是应该好好地思考一下了。

我们之所以能够叫作人，是因为除了形体外还有不生不灭的神识存在。一个人死了，神识转移到另一个人身上，这就像人从一座房子搬到另一座房子一样。过去曾有过羊祜生前为李氏的儿子，崔咸是卢老的后身的说法，像这样的事情，古来有很多例子，大家一定也曾听说过。从这一点来推论，你们这些贤豪之士，生来就成为治世之才，应该是靠了前世神识修为的福佑，那么，又怎么能知道前世不是用佛法来修行呢？因此，我非常希望大家能思索一下生世之前，推求自己的本心，不要受外物扰乱而自误。现在我写文章来劝勉世人，并不仅仅是为了宣扬佛法，更重要的是，我们大家都是具有灵性的人，是万物中最可宝贵的。万物轮回，千变万化，投胎为人最不容易，而像诸位这样杰出的人才更为难得，所以希望大家都能知道这番道理。

不过，这些毕竟是死生鬼神的事，很难确指，还不能完全说明问题。下面我就从人事方面来谈谈，希望能对大家有点帮助。人们所说的话，应该用来鼓励善行，防止恶行。你可以说某人好，也可以说某人坏，但说得对不对，这损益之中却会对阴德产生影响。现在的一般老百姓，想用语言侮辱人时，尚且会想：他是个有福德的人，不可侮辱，否则会折我的福寿。那么，佛陀纵然不能与世上的圣贤相提并论，莫非还不如一般百姓中的有福德之人吗？现在你说出诋毁斥骂佛陀的话，后世浅薄之人必然加以效法，这对于自己的阴德是损是益，应该慎重考虑一下。

过去韩愈不肯做史官，就是害怕褒贬不当，有损阴德。所以他写信给刘轲说："做史官不是遇到人为的祸难，就是受到老天的惩罚。"又说："若真有鬼神的话，一定不会保佑史官。"史家的褒贬，只是引起世人的好恶而已。佛陀则不同，其道德高妙，必有感应，后果可能会超出一般好恶的问题，对佛陀是不能轻率轻侮的。列御寇曾在书中记载孔子的话："我听说西方有个大圣人，无为而治，却能使天下不乱；用不着说话，却能得到人民的信任；不主动施行教化，却能使人民自然受到教化。他的德行是多么广大啊！但人民却无法用言语来形容。”如果列子妄言就罢了，如果他说的属实，圣人确实是不可侮辱的。

劝书第三

原典

余尝见本朝杨文公[①]之书，其意自谓少时锐于仕进，望望常若有物碍于胸中。及学释氏之法，其物豁然破散，无复蔽碍，而其心泰然。故杨文公资此，终为良臣孝子，而天下谓其有大节。抑又闻谢大夫泌[②]与查道[③]待制，甚通吾道，故其为人能仁贤，其为政尚清净，而所治皆有名迹。及谢大夫之亡也，沐浴俨其衣冠，无疾正坐而尽。

昔尹待制师鲁[④]死于南阳，其神不乱，士君子皆善师鲁死得其正。吾亦然之也。及会朱从事炎[⑤]于钱塘[⑥]，闻其所以然益详。朱君善方脉，当师鲁疾革，而范资政[⑦]命朱夜往候之。尹待制即谓朱曰："吾死生如何？"朱君曰："脉不可也。"而师鲁亦谓朱曰："吾亦自知吾命已矣。"因说其素学佛于禅师法昭[⑧]者，吾乃今资此也。及其夕三鼓，屏人，遂隐几而终。余晚见尹氏《退说》[9]，与其送回光之序[10]，验朱从事之言是也。

然佛之法，益人之生也若彼，益人之死也如此，孰谓佛无益于天下乎？而天下人人默自得之，若此四君子者何限？至乃以其五戒十善，阴自修者，而父益其善，子益其孝，夫妇兄弟益其和，抑亦众矣。

余昔见浔阳[11]之民，曰周怀义者，举家稍以十善，慈孝仁惠称于邻里。乡人无相害之意，虽街童市竖，见周氏父子，必曰：此善人也，皆不忍欺之。吾尝谓使天下皆如周氏之家，岂不为至德之世乎？

夫先儒不甚推性命于世者，盖以其幽奥，非众人之易及者也，未可以救民之弊。姑以礼义，统乎人情而制之。若其性与神道，恐独待乎贤者耳。《语》曰："回也庶几乎，屡空。"[12]不其然乎！

今曰：三代时人，未有夫佛法之说，岂不以其心而为人乎？曰：何必三代，如三皇[13]时未有夫孔氏、老子之言，其人岂不以心而为君臣、父子、夫妇乎？夫君子于道，当精粗浅深之，不宜如此之混说也。佛岂直为世不以其心而为人耶？盖欲其愈至而愈正也。泰山有鸟，巢于层崖木末，而弋者不及。千仞之渊有鱼，潜于深泉幽穴，而筌者不得。盖其所托愈高，而所栖愈安；所潜愈深，而所生愈适。

《孟子》曰："孔子登东山而小鲁，登泰山而小天下。"⑭此言谕道至矣。吾昔与人论此，而其人以名矜，以气抗，虽心然之，而语不及从。夫抗与矜人情，而心固至妙，乌可任人情而忽乎至妙之心？其亦昧矣。诸君贤达，无为彼已昧者也。

注释

①**杨文公：**杨亿（公元九七四—一〇二〇年），字大年，建州浦城（今属福建）人。淳化年间，试翰林，赐进士第。历任工部侍郎、翰林学士兼史馆修撰等职。卒年四十七，仁宗时追谥"文"。杨亿才思敏捷，工文章，著作甚富，有《武夷新集》传世。《宋史》有传。

②**谢大夫泌：**谢泌（公元九五〇—一〇一二年），字宗源，歙州歙县（今属安徽）人。太平兴国五年（公元九八〇年）进士及第。历任知福州、右谏议大夫等职。著有《古今类要》。《宋史》有传。

③**查道：**（公元九五五—一〇一八年），字湛然，歙州休宁（今属安徽）人。端拱年间，举进士高第。历任左正言、直史馆、西京转运副使等职，出知襄州。大中祥符三年（公元一〇一〇年），任龙图阁待制。官终知虢州。《宋史》有传。

④**尹待制师鲁：**尹师鲁即尹洙（公元一〇〇一——一〇四七年），字师鲁，河南府（今河南洛阳）人。天圣二年（公元一〇二四年）进士。历任掌书记、濠州通判等职，知庆、晋、潞等州，直龙图阁。著有《河南先生文集》。《宋史》有传。

⑤**朱从事炎：**朱炎，生卒年不详。北宋庆历年间官宣德郎、秘书省校书郎、合州军事推官。熙宁八年（公元一〇七五年），权知开封府司录参军、太常丞、知司农寺丞。后权管勾开封府界提点诸县镇公事。

⑥**钱塘：**今浙江杭州。

⑦**范资政：**范仲淹（公元九八九——一〇五二年），字希文，苏州吴县（今属江苏）人。大中祥符八年（公元一〇一五年）进士。历任秘阁校理、右司谏、权知开封府、陕西经略安抚副使、资政殿学士等职，官至参知政事。有《范文正公集》。《宋史》有传。

⑧**法昭：**不详。

⑨**《退说》：**尹洙撰，载《全宋文》第十四册，卷五百八十七，巴蜀书社一九九一年版，第三八九页。文中叙述了自己受教于法昭禅师事，略谓："予家洛阳，汝距洛为近，凡过汝而馆昭禅师居者，三十年矣。今年贬官汉东，道汝复馆焉。因言：'禅师始见予进于文，已而益进以名，遂以仕。禅师视予之为进久矣。山林乐也，

盍退乎以修吾勤？’禅师曰：‘退与进均有为也，不若两忘焉。’予竦然愧其说之胜。”

⑩**送回光之序：**《送浮图回光一首》。尹洙撰，载《全宋文》第十四册，卷五百八十六，巴蜀书社一九九一年版，第三六七页。尹洙在文中阐述了自己对佛道的理解，略谓：“予闻废放之臣，病其身之穷，乃趋浮图氏之说，齐其身之荣辱穷通，然后能平其心。吁，其惑哉！……盖夫乐古圣人之道者，未始有忧也，尚何荣辱穷通之有乎？予谪随之一月，光师来相过，持其师之说以警予。光师，明达人也，于其行，叙吾说以为别。”

⑪**浔阳：**今江西九江。

⑫语见《论语·先进》。

⑬**三皇：**传说中远古部落的三个酋长，其名称有多种说法，一般指伏羲、神农和黄帝。

⑭语见《孟子·尽心上》。

译文

我曾看过本朝杨文公的一篇文章，里面说自己年轻时急切地希望在仕途上取得成就，经常好像有什么东西堵在心头。等到学了佛法之后，那个堵着的东西一下子就破散了，只觉得心头一片泰然，不再被什么东西遮掩。就是靠着对佛法的领悟，杨文公终于成为良臣、孝子，普天下的人都称赞他有大节。我又听说谢泌与查道都精通佛法，所以他们做人仁义贤明，处理政事以清净为本，在每一个任所都很有声望。谢泌在自己生命的最后时刻，将身体沐浴干净，将衣帽穿戴整齐，端端正正坐好，无疾而终。

过去尹洙在南阳逝世的时候，意识不乱，当时的士大夫都说他死得其正。我也是这样认为的。后来我和朱炎在钱塘相会，听他更详细地叙述了这件事。朱炎善于把脉，尹洙病重的时候，范仲淹让他夜里去探望。尹洙问朱炎："我的病还能治吗？"朱答："从脉象来看，已不能治了。"尹洙对朱说："我自己也知道已活到了尽头。"于是他就说自己由于平时曾随法昭禅师学佛法，所以知道这一点。到了夜间三更时分，他将旁边的人摒退，靠着案几便逝世了。我后来读到尹洙的《退说》以及他为送回光所写的序，再验证一下朱炎的话，感到的确如此。

佛法就是这样对人生也有益，死也有益，谁说佛法对天下无益呢？普天之下，像上述四位君子那样得到佛法好处的人，以及由于奉行五戒十善，默默地修行，因而做父亲的更加善良，做儿子的更加孝顺，夫妇兄弟之间更加和睦的人，是数不胜数的。

我以前曾见过一个周怀义，是浔阳人。他全家按照十善的要求，做了一些好事，以慈孝仁惠见称于乡里。同乡的人对周家全无恶意，即使是街头市井的小儿童仆，见到周氏父子也一定说：这是善人，不应该欺侮。我曾经说过，如果天下人都像周家一样，岂不就是道德最完善的世道吗？

过去的儒家圣人不怎么用性命之说晓谕世人，是因为它过于幽深玄奥，众人不容易理解，挽救不了社会的弊病。因而姑且用礼义加以教化，从情的角度进行治理。至于心性和意识的修为，恐怕是要等待后世的贤者加以宣扬。《论语》中说："颜回的道德应是很完善了吧，可是他在生活上很贫穷，前途上没出路，却能安贫乐道。"能以身行礼义道德的圣人，难道不是这样教化世人吗？

有人问：夏、商、周三代时候的人，并不知道佛法，难道不是根据其本来之心来为人行事的吗？答：何必举三代为例，即使是三皇之时，孔子、老子的学说都没有出现，那时候的人构成君臣、父子、夫妇间的关系，不也是根据其本来之心吗？君子考查各种学说，应该知道它们有粗细深浅的不同，而不能把它们混为一谈。佛哪里是认为世人不以本心做人呢？佛不过是希望人心越来越正而已。泰山上有一种鸟，把巢筑在悬崖的最高处，猎人就射不到它。万丈深渊里有一种鱼，终日潜伏在水底，捕鱼的人就捕不到它。栖身的地方越高，就越安全；潜伏的地方越深，生活就越舒适。

《孟子》中说：“孔子登上了东山，便觉得鲁国小了；登上了泰山，便觉得天下也不大了。”用这两句话来说明道的作用，真是再透彻不过了。我过去曾与人讨论这一点，对方却或者由于自己的名气而倨傲，或者由于不服气而抗辩，即使心里同意我的意见，嘴里也不承认。不服气和倨傲都是人的普通感情，但心性却是至为高妙的，怎么可以放任普通的感情，而忽视至妙的心性呢？这也真是太糊涂了。诸君都是贤达之士，不要做那些糊涂的人才做的事。

2　卷中

广原教

原典

叙曰：余昔以五戒十善，通儒之五常为《原教》，急欲解当世儒者之訾佛。若吾圣人为教之大本，虽概见而未暇尽言，欲待别为书广之。《原教》传之七年，会丹丘长吉遗书，劝余成之。虽属草，以所论未至，焚之。适就其书，几得乎圣人之心。

始余为《原教》，师《华严经》[①]先列乎菩萨乘，盖取其所谓"依本起末门"者也。师《智度论》[②]而离合乎五戒十善者也。然立言自有体裁，其人不知，颇相诮讶，当时或为其改之。今书乃先列乎人天乘，亦从《华严》

之所谓“摄末归本门”者也。旨哉！五戒十善，则不复出其名数。

吾所以为二书者，盖欲发明先圣设教之大统，以谕夫世儒之不知佛者，故其言欲文，其理欲简，其势不可枝辞蔓说。若曲辨乎众经之教义，则章句者存焉。知余讥余，其《原教》《广原教》乎?《广原教》凡二十五篇，总八千一百余言。是岁丙申[③]也，振笔于灵隐[④]永安山舍。

惟心之谓道，阐道之谓教。教也者，圣人之垂迹也；道也者，众生之大本也。甚乎群生之缪其本也久矣，圣人不作，而万物终昧，圣人所以与万物大明也。心无有外，道无不中，故物无不预道。圣人不私道，不弃物，道之所存，圣人皆与，是故其为教也，通幽，通明，通世、出世，无不通也。通者，统也，统以正之，欲其必与圣人同德。广大灵明，莫至乎道；神德妙用，莫至乎心。徇妄缚业，莫甚乎迷本；流荡诸趣，莫甚乎死生。知众生之过患，莫善乎圣人；与万物正本，莫善乎设教。正固明，明固妙，妙固其道凝焉。是故教者，圣人明道救世之大端也。

夫教也者，圣人乘时应机，不思议之大用也。是故其机大者顿之，其机小者渐之。渐也者，言乎权也；顿也者，言乎实也。[⑤]实者，谓之大乘[⑥]。权者，谓之小乘[7]。圣人以大小衍，揽乎群机，而幽明尽矣。预顿而闻渐，预渐而闻顿，是又圣人之妙乎天人，而天人不测也。圣人示权，所以趋实也；圣人显实，所以借权也。故权、实、偏、圆，而未始不相顾。

权也者，有显权，有冥权。圣人显权之，则为浅教，为小道。与夫信者，为其小息之所也。圣人冥权之，则为异道，为他教。为与善恶同其事，与夫不信者，预为其得道之远缘也。显权可见，而冥权不测也。实也者，至实也。至实，则物我一也。物我一，故圣人以群生而成之也。语夫圣人之权也，则周天下之善，遍百家之道，其救世济物之大权乎？语夫圣人之实也，则磅礴法界[8]，与万物皆极，其天下穷理尽性之大道乎？

圣人者，圣人之圣者也，以非死生，而示死示生；与人同然，而莫睹其所以然。岂古神灵睿智，博大盛备之圣人乎？故其为教，有神道也，有人道也，有常德也，有奇德也，不可以一概求，不以世道拟议，得在于心通，失在于迹较。

治人治天，莫善乎五戒十善；修夫小小圣、小圣，莫盛乎四谛[9]、十二缘[10]；修夫大圣，以趋乎大大圣，莫盛乎六度[11]万行。夫五戒十善者，离之所以致天，合之所以资人。语其成功，则有胜有劣；语其所以然，则大人之道一也。夫四谛、十二缘者，离之则在乎小圣，合之则在乎小小圣。语其成功，则有隆杀；语其乘之，则小圣、小小圣同道也。夫六度也者，首万行，广万行者也。大圣与乎大大圣，其所乘虽稍分之，及其以万行超极，则与夫大大之圣人一也。

万行也者，万善之谓也。圣人之善，盖神而为之。适变乘化，无所而不在也。是故圣人预天人之事，而天人不测。夫神也者，妙也。事也者，粗也。粗者，唯人知之。妙者，唯圣人知之。天下以彼我竞，以儒佛之事相是非，而天下之知者，儒佛之事，岂知其埏埴[12]乎儒佛者耶？夫含灵者，溥天溥地，遍幽遍明，遍乎夷狄禽兽。非以神道弥纶[13]，而古今殆有弃物。圣人重同灵，惧遗物也，是故圣人以神道作。

注释

①**《华严经》**：佛教经典，全称《大方广佛华严经》。其内容主要发挥辗转一心，深入法界，无尽缘起的理论与普贤行愿的实践相一致的大乘瑜伽思想。书中所提出的十方成佛和成佛必须经过种种十法阶次等思想，对大乘佛教理论的发展有很大影响。

②**《智度论》**：《大智度论》的简称。传说为古印度龙树著，后秦鸠摩罗什译。共一百卷，为论释《大品般若经》之作。由于《大品般若经》是当时篇幅最大的一

部佛经，《智度论》不仅进行了全面解释，而且发挥了经中“性空幻有”等思想，因而被称为“论中之王”。其基本内容是先举出法相的各种不同解释，以此为尽美；最后归结为无相实相、法性空理，以此为尽善。

③**丙申：**宋仁宗嘉祐元年（公元一〇五六年）。

④**灵隐：**寺名，在今浙江杭州西面灵隐山上。相传晋咸和年间有僧慧理来此，称此为灵鹫峰别岭飞至此地，于是因山起寺，名为灵隐，取灵山隐于此的意思。宋景德四年（公元一〇〇七年）改名景德灵隐禅寺。

⑤此句中的“权”和“实”是指佛法中的权实二教。权教为凡夫小乘说法，是权宜的意思；实教为大乘菩萨说法，乃显示真要，指出究竟的旨归。

⑥**大乘：**大乘教，即不仅期求自我的完成与救济，而且也广泛地救助他人的自觉觉他的教法，它兼顾自利与利他，其理想是最后能成为自觉觉他的佛陀，所以大乘又称为菩萨乘或佛乘。

⑦**小乘：**与大乘相对而言，是一种仅以自己的完成与救济为理想的自力教。又可称为声闻乘，因为小乘重在闻佛之教而得开悟。声闻指弟子，释尊的诸弟子都可称为声闻。

⑧**法界：**指整个宇宙现象界。

⑨**四谛：**谛的意思是真理或实在。四谛包括：一、

苦谛，主要指三界生死轮回的苦恼；二、集谛，集是积聚感召的意思，指长期以来，众生由于贪、嗔、愚、痴的行为所造成的善恶行为的业因，能感召将来的生死苦果；三、灭谛，指灭尽三界内的烦恼业因以及生死果报，达到涅槃寂灭境界；四、道谛，指达到寂灭解脱的方法和途径。

⑩**十二缘：**十二缘起。佛教在论述价值缘起时，认为有十二支事项都具有流转或还灭的关系。这十二支分别是无明、行、识、名色、六处、触、受、爱、取、有、生、老死。三界轮回的一切苦恼，都是由上述业因而产生的。

⑪**六度：**六波罗蜜。波罗蜜是渡过彼岸的意思。六度指布施、持戒、忍辱、精进、禅定、智慧。

⑫**埏埴：**以陶土放入模型中制成陶器。

⑬**弥纶：**包括、统摄。《易·系辞》上说："易与天地准，故能弥纶天地之道。"

译文

叙曰：我过去写作《原教》，拿佛家的五戒十善与儒家的五常相沟通，迫切地希望能够消解当世儒生对佛的非议。至于佛教学说的根本之处，只是笼统地提了一下，没有详细论述，当时想另外写一篇文章进行全面申说。《原教》传世已有七年了，正好丹丘长吉写来一封信，劝我把文章写成。写完初稿后，由于所论不够透彻，就烧掉了。不久前才最后定稿，自以为差不多表达出了佛陀的教义。

以前我写《原教》，效法《华严经》中的“依本起末门”，把菩萨乘摆在首位。同时效法《智度论》，并吸取了其中与五戒十善相合之处。我的立论原有自己的考虑，但华严传人却不了解，对我不仅怀疑，而且讥诮，我只好对某些部分加以修改。现在这篇修订稿把人乘和天乘列在首位，这也是符合了《华严经》中“摄末归本门”的意思。五戒十善，一并包容，不再有所离合，这是多么值得骄傲啊！

我撰写《原教》和《广原教》的目的，是为了阐明佛陀创设佛教的根本要义，开导世上那些不懂佛教的儒生，所以，文中语言尽量富有文采，阐述理论尽可能简洁，避免枝蔓。至于对各种佛经教义的详尽申辩，则由有关专门解释章句的著作来承担。无论了解我，还是讥讽我，难道不都是由于《原教》《广原教》吗？《广原教》共二十五篇，总计八千一百余字。丙申年奋笔书于灵隐寺永安山舍。

众生的本心叫作道，阐释道的学说叫作教。教是圣人本体的一种表现，道是众生立世的根本要义。众生迷失本心真是太久了，圣人不出，众生便脱离不了蒙昧，所以，万物的觉醒都是圣人所给予的。众生的本心原是一样的，并没有什么例外，而道又包容极广，所以万物莫不与道有着密切关系。圣人不把道视为私有，不抛弃一个拥有本心的有生命的物类，道在什么地方，圣人也就在什么地方，因此，圣人所推行的教，能够沟通阴间和阳间，能够沟通在世和出世，所有一切，无不能通。通就是统，将众生之心统一起来加以端正，是希望与圣人道德相同。道是最为广大灵明的，心是最具有神德妙用的。放任妄念，沉溺业海，最根本的原因是迷失了本心；意趣流荡，无所皈依，最根本的原因是超越不了死生。只有圣人才能明察众生的过失，只有设教才能为众生端正本心。端正本心就能够明白事理，明白事理就能够神德高妙，神德高妙就会使道形成稳定形态。所以，教就是圣人明道救世的最根本的理论原则。

由于教是圣人根据不同对象的具体情形而加以推行，以期自然而然达到最大效用，所以天赋好些的，就让他顿悟，天赋差些的，就让他渐悟。顿悟说的是实，渐悟说的是权。实叫作大乘，权叫作小乘。圣人普遍推广大乘和小乘，包容万物，含括了阴间和阳世。提倡顿悟但也使之知道渐悟，提倡渐悟但也使之知道顿悟，从这一点看，圣人的高妙确实是超过天和人，是天和人难以推知的。圣人表现出权，是为了达到实；圣人显示出实，乃是凭借了权。所以，权、实或偏、圆诸教都并不是没有联系的。

权有显权、冥权之分。对于圣人来说，若只以显权对待众生，则所推行的教不深，所追求的道过小，因为其范围只局限于信徒，所以不是最好的结果。若以冥权对待众生，则所推行的学说，也针对了那些不走正道和信奉他教的人，因为这些人或者分不清善恶，或者不信圣人之教，圣人施行教化，是为了使他们在六道轮回中结下善缘。显权的结果是显而易见的，冥权则不易推知。权与实是相对而言的，这里所说的实，指的是实中之实。达到了实中之实，物和我就能成为一体。物和我既然已成为一体，则圣人实际上就在众生之中。从这个意义上看，圣人的权难道不是汇集了普天下的善，包容了百家的学说，能够救世济物的最大的权吗？圣人的实难道不是广被整个宇宙现象界，为的是与众生一起达到最高境界，因而是普天下穷理尽性的最透彻的学说吗？

圣人在本质上已超越了死生，但外在表现上仍是有死有生；圣人看起来和普通人没什么两样，但普通人却很难明白，圣人是怎样成为圣人的。这岂不意味着，从古以来的神灵睿智，全都集中到圣人身上了吗？所以，圣人的教，有的偏重神明，有的偏重人事。信奉圣人之教的人，有的表现出一般的德行，有的表现出过人的德行。情形不同，不能一概而论，也不能由于社会状况而乱加非议。对于圣人之教，有所获的人是由于心灵的贯通，无所获的人是由于太拘泥于外在形迹。

要治人和治天，没有什么比五戒十善更好的了；要想修成小小圣、小圣，没有什么比四谛、十二因缘更有用的了；要想修成大圣并达到大大圣，没有什么比六度万行更有效的了。对于五戒和十善，分修有助于与天相感应，合修则帮助人成正果。修行成功者，境界有高有低，但其中所体现的圣人之道却是一样的。对于四谛和十二因缘，分修能够成就小圣，合修能够成就小小圣。修行成功者，境界也有高有低，但从本质上看，小圣和小小圣也并没有根本区别。六度以万行为首，是万行的多向发展。大圣和大大圣虽然稍有区别，但若从达到万行的最高标准看，则大圣和大大圣也可以说是相同的。

万行就是指万善。圣人推行善，是一个出神入化的过程。这个过程，随时变化，无所不在。所以圣人虽在天和人之中，而天和人却想象不到圣人的境界。神就是奇妙的东西，事就是一般的东西。普通人只了解一般的东西，只有圣人才能了解奇妙的东西。世人惯于和那些与自己不同的东西相竞争，因而就认为儒释势不两立，其实，他们只知道儒释是两种不同的学说，却哪里知道二者也是可以互相融合的呢？有灵性的物类，遍及天地之间，遍及幽明之间，中原以外的人和禽兽也没有例外。若不以神道加以统摄，古往今来难免会有被废弃者。圣人重视万物同灵，唯恐这种情形出现，于是以神道推行于天下。

原典

心必至，至必变。变者，识也；至者，如也。如者，妙万物者也；识者，纷万物、异万物者也。变也者，动之几也；至也者，妙之本也。天下无不本，天下无不动，故万物出于变，入于变，万物起于至，复于至。万物之变见乎情，天下之至存乎性。以情可以辨万物之变化，以性可以观天下之大妙。善夫情性，可以语圣人之教道也。

万物同灵之谓心，圣人所履之谓道。道有大者焉，有小者焉；心有善者焉，有恶者焉。善恶有厚薄，大小有渐奥。故有大圣，有次圣，有小圣；有天，有人，有须伦，有鬼神，有介羽之属，有地道群生者，一心之所出也。圣人者，一道之所离也。圣人之大小之端，不可不审也；群生之善恶之故，不可不慎也。夫心与道，岂异乎哉？以圣人群生，姑区以别之，曰道，曰心也。

心乎，大哉至也矣！幽过乎鬼神，明过乎日月，博大包乎天地，精微贯乎邻虚[①]。幽而不幽，故至幽；明而不明，故至明；大而不大，故绝大；微而不微，故至微。精日，精月，灵鬼，灵神，而妙乎天地三才。若有乎？若无乎？若不有，不无？若不不有，若不不无？是可以言语状及乎？不可以绝待玄解谕。得之，在乎瞬息；差之，在乎毫厘者，是可以与至者知，不可与学者语。圣人以此难明难至也，乃为诸教，言之，义之，谕之，正之。虽伙然多端，是皆欲人之不缪也，而学者犹昧。今夫天下混谓乎心者，言之而不详，知之而不审。苟认意识，谓与圣人同得其趣道也，不亦远乎？

情出乎性，性隐乎情。性隐，则至实之道息矣，是故圣人以性为教，而教人。天下之动，生于情，万物之惑，正于性，情性之善恶天下，可不审乎？知善恶，而不知夫善恶之终始，其至知乎？知其终，而不知其始，其至知乎？唯圣人之至知，知始，知终，知微，知亡，见其贯死生幽明，而成象成形。

天地至远，而起于情；宇宙至大，而内于性，故万物莫盛乎情性者也。情也者，有之初也。有有，则有爱；有爱，则有嗜欲；有嗜欲，则男女万物生死焉。死生之感，则善恶以类变，始之，终之，循死生而未始休。性也者，无之至也。至无，则未始无。出乎生，入乎死，而非死非生。圣人之道，所以寂焉，明然，唯感所适。

夫情也，为伪，为识。得之，则为爱，为惠，为亲亲，为疏疏，为或善，为或恶。失之，则为欺，为狡，为凶，为不逊，为贪，为溺嗜欲，为丧心，为灭性。夫性也，为真，为如，为至，为无邪，为清，为静。近之，则为贤，为正人；远之，则为圣神，为大圣人。圣人以性为教教人，而不以情，此其蕴也。情性之在物，常然宛然，探之不得，决之不绝。天地有穷，性灵不竭，五趣迭改，情累不释，是故情性之谓，天下不可不柬也。

夫以情教人，其在生死之间乎？以性教人，其出夫死生之外乎？情教其近也，性教其远也。诞乎死生之外而罔之，其昧天理，而绝乎生生之源也。"小知不及大知"②，醯鸡③之局乎瓮瓿之间，不亦然乎？

注释

①**邻虚**：接近于无，极言其细小。《楞严经》卷三《如来藏》之三"七大"："汝观地性，粗为大地，细为微尘。至邻虚尘，析彼极微，色边际相，七分所成，更析邻虚，即实空性。"

②语出《庄子·逍遥游》。

③**醯鸡：**小虫名，即蠛蠓，生活在瓮中。

译文

心一定会发展到极致，发展到极致就一定会起变化。变就是认识，至就是圆融。圆融就是妙于万物，认识就是区别万物。变是动的预兆，至是妙的根本。天下没有缺少根本的东西，也没有不动的东西，所以万物总是处在变的过程中，而且，从圆融开始，又回归到圆融。万物的变化从情中可以看出来，天下最圆融的东西存在于性之中。通过情可以分辨万物的变化，通过性可以看出天下最奇妙的东西。把情和性都弄透彻了，就可以来谈圣人的教和道了。

万物都有灵性，这个灵性叫作心，而圣人推行于世的叫作道。道有大有小，心也有善有恶。同时，善恶有程度的不同，大道和小道也各有深浅的不同。因此，圣人中有大圣，有次圣，有小圣；宇宙之中有天，有人，有修罗，有鬼神，有长着鳞甲和羽毛的动物，有在地下活动的生命。所有这些，本心原是一样的。圣人和其他各种有生命的物类的区别，实际上不过是一点点。那么，对于大圣和小圣的区别，不可不细想清楚；对于众生为善为恶的由来，不可不慎重考察。其实，心和道原没有什么不同，现在将圣人和众生勉强加以区别，所以才提出道和心的概念。

心是多么博大圆融啊！它的幽深超过了鬼神，它的光明超过了日月，它的博大包容了天地，它的精微通贯了邻虚。它本来幽深却看不出来，所以是最幽深；它本来光明却毫无迹象，所以是最光明；它本来博大却不显得博大，所以是最博大；它本来精微却似乎一点也看不出精微，所以是最精微。它的精华盖过日月，它的灵妙优于鬼神，它的奇妙超过天、地、人。心是像有呢，还是像无？是像不有呢，还是像不无？是像不不有呢，还是像不不无？它可以用语言加以形容，却不能说得过于玄虚。得到本心，可能只是一瞬间，而失去本心，也可能只是一念之差，这其中的道理，只有那些达到圆融境界的人才能知道，若有心去做反而不能理解。圣人感到这种境界不容易阐明，也不容易达到，所以设教解说，以开导世人，端正心志。圣人的学说虽然涉及许多方面，目的却都是希望世人不要走错路，不过一般人仍然未能觉悟。现在天下有不少人一哄而起，都来讨论心的问题，但说出来的道理并不详明，对心的理解也不透彻。假如认为心就是意识，以此就觉得与圣人的看法一样了，那么，其差别不是太大了吗？

情出自性，性藏于情中。性若隐而不见，至实之道也就消失了，所以，圣人之教的中心就是性，用性来劝导世人。天下的变动，都是由情而起，要解除万物的迷惑，只有靠正性才行，那么，关于情和性对社会的善恶作用，能不考虑清楚一些吗？知道善恶，却不知道善恶的结果和原因，这能叫透彻的知吗？只知道善恶的结果，却不知道善恶的原因，这能叫透彻的知吗？只有圣人能够达到透彻之知，了解什么是原因，什么是结果，了解万物的细微之处，也懂得什么叫无。能够超越死生幽明，能够看出有生命的物类构成形象的原因。

天地非常辽阔，起因却由于情；宇宙极其广大，却包容在性之中。所以万物莫不与情性有关。什么是情？“有”的开始就是情。有了“有”，就有了爱；有了爱，就有了嗜欲；有了嗜欲，则万物便免不了生死。死和生是互相转化的，在这个过程中，行善便会向好的方面转化，作恶便会向坏的方面转化，如此往复，没有穷尽。什么是性？性就是“无”的最高程度。最高程度的无，不是什么都没有。其表现在于和普通人一样，出世叫作生，逝世叫作死，但实质上却是不死不生。因此，圣人之道，一方面幽微，另一方面又非常明显，完全根据各人的感受而不同。

情能够生出虚伪，也能够生出区别的能力。如果用情恰当，就能够表现为爱心和施惠，就能做到亲近该亲近的人，疏远该疏远的人。喜欢做善事，有时不得已，为了某种原因也做坏事。如果用情不恰当，就不免表现为欺骗、狡诈、凶狠、不逊、贪婪，沉溺在欲望的贪求之中，丧失了本心和本性。性则不然，它表现为真如，表现为极致，表现为无邪，表现为清净。按性的本来去做，就能成为贤人、正人；若能超越具体的性，站在一个更高的角度，那就能成为圣人、神人，甚至大圣人。圣人以性设教来劝导世人而不用情，其根本含义，就在这里。一切有生命的物类，性情都是无时不在的，其外在表现也很清楚，但具体地看，却又是想摸摸不到，想绝绝不了。天地总会有穷尽，性灵却永远不会消失，五趣虽不断改变，万物却始终沉溺于情，所以对于情性的含义，世人不能不做出判断。

若只用情进行教化，难道不是局限于生死吗？若能用性进行教化，难道不是可以超越生死？用情教化只能有效于一时，用性教化才能适用于久远。有些人以为超越生死是虚诞的，因而对此视若罔然，这是不明白事理，也失去了在生生世世的轮回中趋向善果的根本。“小智慧比不上大智慧”，蠛蠓只能生活在盛酒的瓮瓿之中，不就是这个意思吗？

原典

心动曰业，会业曰感。感也者，通内外之谓也。天下之心孰不动，万物之业孰不感。业之为理也幽，感之为势也远，故民不睹而不惧。圣人之教谨乎业，欲其人之必警也，欲其心之慎动也。内感之谓召，外感之谓应；召谓其因，应谓其果。因果，形象者皆预也。夫心动有逆顺，故善恶之情生焉。善恶之情已发，故祸福之应至焉。情之有浅深，报之有轻重。轻乎可以迁，重乎不可却。善恶有先后，祸福有迟速，虽十世万世而相感者不逸，岂一世而已乎？

夫善恶不验乎一世而疑之，是亦昧乎因果者也。报施不以夫因果正，则天下何以劝善人？树不见其长而日茂，砺不见其销而日无，业之在人也如此，可不慎乎？

物有性，物有命，物好生，物恶死，有血气之属皆然也，圣人所以欲生，而不欲杀。夫生杀有因果，善恶有感应。其因善其果善，其因恶其果恶。夫好生之心善，好杀之心恶，善恶之感可不慎乎？人食物，物给人，昔相负而冥相偿，业之致然也。人与物而不觉，谓物自然，天生以养人，天何颇耶？害性命以育性命，天道至仁，岂然乎哉？夫相偿之理，冥而难言也，宰杀之势，积而难休也，故古之法，使不暴夫物，不合围，不掩群也。

“子钓而不纲，弋不射宿”[①]，其止杀之渐乎？佛教教人，可生而不可杀，可不思耶？谅哉！

大信近也，小信远也，近反远，远反近，情蔽而然也。天下莫近乎心，天下莫远乎物，人夫不信其心，而信其物，不亦近反远，远反近乎？不亦迷缪倒错乎？

心也者，聪明睿智之源也，不得其源，而所发能不缪乎？圣人所以欲人自信其心也，信其心而正之，则为诚常，为诚善，为诚孝，为诚忠，为诚仁，为诚慈，为诚和，为诚顺，为诚明。诚明，则感天地，振鬼神，更死生变化而独得。

是不直感天地、动鬼神而已矣，将又致乎圣人之大道者也，是故圣人以信其心为大也。夫圣人博说之，约说之，直示之，巧示之，皆所以正人心而与人信也。人而不信圣人之言，乃不信其心耳。自弃也，自惑也，岂谓明乎哉？贤乎哉？

修多罗藏[②]者，何谓也？合理也，经也。经也者，常也，贯也，摄也。显乎前圣后圣所说皆然，莫善乎常也。持义理而不亡，莫善乎贯也。总群生而教之，莫善乎摄也。阿毗昙藏[③]者，何谓也？对法也，论也。论也者，判也，辨也。发明乎圣人之宗趣，莫善乎辨；指其道之浅深，莫善乎判。毗尼藏[④]者，何谓也？戒也，律也。律也者，制也。启众善，遮众恶，莫善乎制也。人天乘者，何谓也？渐之渐也。导世俗，莫盛乎至渐。声闻乘者，何谓也？权也，渐也，小道也。缘觉乘者，何谓也？亦小道也。从其器而宜之，莫盛乎权；与其进而不与其退，莫盛乎渐。菩萨乘者，何谓也？实也，顿也，大道也。即人心而授大道，莫盛乎菩萨乘也。其乘与妙觉通，其殆庶几者也。

四轮者何谓也？曰风也，曰水也，曰金也，曰地也。四轮也者，天地之所以成形也。观乎四轮，则天地之终始可知也。三界⑤者何谓也？曰欲也，曰色也，曰无色也。三界也者，有情者之所依也。观乎三界，则六合之内外，可详而不疑也。六道⑥者何谓也？曰地狱也，曰畜生也，曰饿鬼也，曰修罗也，曰人也，曰天也。六道也者，善恶心之所感也。观乎六道，则可以慎其为心也。四生⑦者何谓也？曰胎也，曰卵也，曰湿也，曰化也。四生也者，情之所成也。观乎四生，则可以知形命之所以然也。

何家无教？何书无道？道近而不道远，天下何以知远乎？教人而不教他类，物其有所遗乎？夫幽者，远者，固人耳目之所不及也。惚恍者，飞潜者，固人力之不能恤也。人之不能及，宜圣人能及之；人之不能恤，宜圣人能恤之。圣人不能及，天下其终昧夫幽远者耶？圣人不能恤，含灵者将沦而无所拯乎？是故圣人之教，远、近、幽、明，无所不被，无所不着。天下其广大悉备者，孰有如吾圣人之教者也？

注释

①语见《论语·述而》。

②**修多罗藏**：梵语音译，指佛教的一切本经，一切论法，从“如是我闻”至“欢喜奉行”，都叫修多罗藏。

③**阿毗昙藏**：阿毗昙是佛教学派，也叫毗昙宗，起于南北朝。其学说是根据有部诸论的义旨，特别是依法胜《阿毗昙心论》及法救《杂阿毗昙心论》的纲领，以四谛组织一切法义，并阐明我空法有及法由缘生而有自性之义。

④**毗尼藏**：佛教各种戒律的统称。

⑤**三界**：欲界、色界、无色界。又可总分为有情界（有情识的生物）和器世界（处所）两类，而以有情界为主体。三界是据有情所造善、恶业及修不同定业所感苦、乐、色、无色等不同果报而建立的。具体地说，欲指财、色、名、食、睡五欲，主要指男女色欲。欲界共分五趣十二处。色界位于欲界之上，为离欲的众生所居。无色界在色界之上，为无形色众生所居。此三界总为一个世界。大乘佛教认为宇宙之中有无数这样的世界。

⑥**六道：**三界内的众生，因善恶业果境地的不同，可分为六种。一是天道，即天界众生；二是人道，即人类众生；三是阿修罗道，属于非天道，是一种大力鬼神，有神通、威力而无德，统率夜叉、罗刹等；四是畜生道，包括牛羊猪马及一切虫鱼禽兽等；五是饿鬼道，饿鬼是一种孤贫潦倒受苦之鬼，经常处在饥渴之中，到处游行求食而不得；六是地狱道，即地下牢狱受苦之处。六道中，天、人、阿修罗为三善道，畜生、饿鬼、地狱为三恶道。

⑦**四生：**佛教将世界众生分为胎生、卵生、湿生、化生四大类。胎生如人与畜；卵生如飞鸟与鱼鳖；湿生如虫、蝎与飞蛾等；化生谓无所依托，唯借业力而突然出现者，如诸天与地狱等。

译文

心动叫作业，业汇聚起来叫作感。感就是内心和外物的沟通。众生之心没有不动的，万物所造的业都是相感而成的。业报的道理非常深微，相感的效果不体现于一时，所以一般人对看不见的东西就不会感到害怕。圣人设教特别重视业报，就是希望引起世人警惕，希望世人的心不要轻易动。自己内心的感应叫作召，外物的感应叫作应；召就是因，应就是果。凡是有形象的生物，都离不开因果。心有时是为好事而动，有时是为坏事而动，所以就会生出善恶之情。生出了善恶之情，那么祸福的报应也会随之而来。善恶之情有浅有深，所获得的祸福之报也会有轻有重。恶报较轻的还可望通过行善化解，恶报较重的则无可避免了。行善或作恶有先有后，得到祸福之报也会有迟有速，即使是经过十世、万世，善恶与祸福的感应也不会消失，哪里只是在一世中体现出来呢？

如果有人由于行善或作恶所得到的祸福之报，不能在当时得到验证就对此表示怀疑，那他还是不明白什么叫作因果。报施若不能正确体现出因果关系，那还用什么去鼓励天下的善人？你看不见树是怎样生长的，却能感到它日复一日地茂盛起来；你看不见磨刀石是怎样销蚀的，却能感到它一天天变小，那么，人们对自己所造的业能不谨慎吗？

凡有血气的生物莫不有性有命，好生恶死，所以圣人主张全生，而不提倡杀生。生杀之事都是有因有果的，行善作恶总会在冥冥中有所感应。因善则果善，因恶则果恶。好生之心就是善因，好杀之心就是恶因，那么，对于自己的善恶之情能不谨慎吗？人吃动物，动物供人吃，这是因为往世曾经相负，现在来偿还，是往世的业造成的。人吃了动物，却不知道为什么吃，反而说动物天生就是让人吃的，那么，上天为什么这么不公正呢？如果上天以残害一种性命去养育另一种性命，那就不能说天道至仁了。物物相偿的道理，是冥冥中的力量所掌握的，不容易解释清楚，而对动物的宰杀，已经持续了很长时间，很难停止，所以古人所采取的方法是不残害灭绝动物，打猎时不合围，不掩取很多飞禽。“孔子用钓竿钓鱼，不用大网取鱼；用系生丝的箭射鸟，不射夜宿的鸟”，这不就是止杀的开始吗？佛教开导世人，可生而不可杀，这种学说到底是好是坏，世人难道不该好好想想吗？确实该好好想想呀！

最相信的东西应该是近旁的，一般相信的东西应该是远处的，如果把近的当成远的，把远的当成近的，那是被情蒙蔽的结果。天下最近的莫过于内心，最远的莫过于外物，人们倘若不相信内心，反而相信外物，岂不是把近的当成远的，把远的当成近的了吗？岂不是大错特错了吗？

心是聪明睿智的源头，如果找不到这个源头，做出来的事情能不错吗？圣人希望世人要相信自己的心，就是由于这个缘故。相信并端正自己的心，就能够坚持行善，奉行忠孝，表现仁慈，为人和顺，就能够明白一切事理。而明白了一切事理，就能够感天地、动鬼神，解开死生变化的奥秘。

再进一步说，又不仅是感天地、动鬼神，还能够获得圣人所展示的大道，所以，圣人把相信自己的本心当作最高要求。圣人的劝世之言不论是繁复还是简约，不论是直接还是间接，都是为了端正人的心，让人相信自己的本心。世人若不相信圣人的话，就是不相信自己的本心。而自己抛弃自己，自己迷惑自己的人，能称得上明白事理吗？能称得上是贤者吗？

修多罗藏指的是什么？指的是合理，是经。经就是常，就是一贯，就是引导。对于前代和后代圣人所说的正确的东西，坚持不断的阐述是最重要的。坚持义理而不让它消亡，一以贯之是最重要的。对众生进行教化，引导是最重要的。阿毗昙藏指的是什么？指的是法、是论。论就是判断，就是明辨。要发扬圣人的旨趣，明辨是最重要的；要指出圣人之道的浅深，判断是最重要的。毗尼藏指的是什么？指的是戒、是律。律就是自我规律。启发众生向善，要求众生去恶，自我规律是最重要的。人乘和天乘指的是什么？指的是修行开始的基础。要开导世人，抓住最基础的东西是最重要的。声闻乘指的是什么？指的是权巧方便，是小乘道。缘觉乘指的是什么？指的也是小乘道。根据众生根器不同加以不同的教化，权巧方便是最重要的；令世人前进并阻止其后退，抓住基础是最重要的。菩萨乘指的是什么？指的是实，是顿悟，是大道。要想通过了解人心来指示大道，菩萨乘是最重要的。菩萨乘与妙觉相通，二者的功效也差不多。

什么叫四轮？风、水、金、地就叫四轮。天地能够成形，靠的就是四轮。考察一下四轮，则天地的来龙去脉就能搞清楚了。什么叫三界？欲、色、无色就叫三界。有情的生物所依傍的就是三界。考察一下三界，则六合内外的一切就都能够详细了解，而不致怀疑了。什么叫六道？地狱、畜生、饿鬼、修罗、人、天就叫六道。六道是由于善恶之心的感应而形成的。考察一下六道，则世人萌发善恶之心时就应该很谨慎。什么叫四生？胎、卵、湿、化就叫四生。四生的区别是由情习造成的。考察一下四生，就可以知道为什么有的生物会成为这种形，有的生物会有那种命。

哪家圣人不立教？哪本书不阐道？若是只说近的不说远的，天下人怎能知道远处情形？若是只教化人而不教化其他生物，众生中的一部分岂不是要被抛弃吗？幽深遥远的地方，人的耳朵听不见，眼睛也看不见。对那看不清楚的和飞得高、潜得深的生物，人们往往不容易加以体恤。但一般人的耳目不能达到，圣人却能达到；一般人不能加以体恤，圣人却能加以体恤。圣人的耳目要是也不能达到，那么天下的人岂不是永远也不能了解幽深遥远的地方了？圣人要是也不能体恤，那么某些有生命的物类岂不是要永远沦没，得不到拯救了？所以，圣人之教，远、近、幽、明都能含括，毫无遗漏。天下还有什么能够像圣人之教那样博大精深、包容一切呢？

原典

天之至高，地之至远，鬼神之至幽。修吾圣人之法，则天地应之；举吾圣人之言，则鬼神顺之。天地与圣人同心，鬼神与圣人同灵，盖以其类相感而然也。情不同则人睽，类不同则物反，非其道则孺子不从。今夫感天地，振鬼神，得乎百姓夷狄，更古今而其心不离，则吾圣人之道，其大通大至，断可见矣。

佛者，何谓也？正乎一者也。人者，何谓也？预乎一者也。佛与人，一而已矣。万物之谓者，名也。至理之谓者，实也。执名而昧实，天下其知至乎？道在乎人，谓之因；道在乎佛，谓之果。因也者，言乎未至也；果也者，言乎至也。至则正矣，正则无所居而不自得焉。佛乎，岂必形其形，迹其迹？形迹者，乃存其教耳。教也者，为其正之之资也。别万物莫盛乎名，同万物莫盛乎实。圣人以实教人，欲人之大同也。圣人以遗名劝人，防人之大异也。观夫圣人之所以教，则名实之至，断可见矣。

何人无心，何心无妙，何教无道，何道无中[①]？概言乎中，则天下不趋其至道；混言其妙，则天下不求其至心。不尽乎至心至道，则伪者，狂者，矜者，慢者，由此而不修也；生者，死者，因循变化，由此而不警也。妙，有妙，有大妙。中，有事中，有理中。夫事中也者，万事之制中者也；理中也者，性理之至正者也。

夫妙也者，妙之者也；大妙也者，妙之又妙者也。妙者，百家者皆然，而未始及其大妙也。大妙者，唯吾圣人推之，极乎众妙者也。夫事中者，百家者皆然，吾亦然矣。理中者，百家者虽预中，而未始至中。唯吾圣人正其中，以验其无不中也。曰心，曰道，名焉耳。曰中，曰妙，语焉耳。名与言虽异，而至灵一也。

一即万，万即一，一复一，万复万，转之展之，交相融摄，而浩然不穷。大妙重玄，其如此也矣夫。故其掷大千于方外，纳须弥于芥子[②]，而至人不疑，曰妙而已矣，曰中而已矣，又何以加焉！曰海固深矣，而九渊[③]深于海，夷溪之子岂谅？于戏！

教不可泥，道不可罔，泥教淫迹，罔道弃本。泥也者，过也。罔也者，不及也。过与不及，其为患一也。圣人所以为理必诚，为事必权，而事与理，皆以大中得也。夫事有宜，理有至，从其宜而宜之，所以为圣人之教也；即其至而至之，所以为圣人之道也。梁齐二帝（梁武[④]、齐文宣[⑤]也）反其宜而事教，不亦泥乎？魏周二君（魏武[⑥]、周武[⑦]）泯其至而预道，不亦罔乎？

夫圣人之教，善而已矣；夫圣人之道，正而已矣。其人正，人之；其事善，事之。不必僧，不必儒，不必彼，不必此。彼此者，情也；僧、儒者，迹也。圣人垂迹，所以存本也；圣人行情，所以顺性也。存本而不滞迹，可以语夫权也；顺性而不溺情，可以语夫实也。昔者，石虎[⑧]以柄国杀罚，自疑其事佛无祐，而佛图澄[⑨]乃谓石虎曰："王者当心体大顺[⑩]，动合三宝。如其凶愚，不为教化所迁，安得不诛？但刑其可刑，罚其可罚者。脱刑罚不中也，虽轻财奉佛，何以益乎？"

宋文帝[⑪]谓求那跋摩[⑫]曰："孤愧身徇国事，虽欲斋戒不杀，安得如法也？"跋摩曰："帝王与匹夫所修当异。帝王者，但正其出言发令，使乎人神悦和。人神悦和，则风雨顺。风雨顺，则万物遂其所生也。以此持斋，斋亦至矣；以此不杀，德亦大矣。何必辍半日之餐，全一禽之命，为之修乎？"帝抚几称之曰："俗迷远理，僧滞近教，若公之言，真所谓天下之达道，可以论天人之际矣。"图澄、跋摩，古之至人也，可谓知权乎！

注释

①**中**：指中庸的中。不偏叫中，不变叫庸，这是儒家最高的道德标准。所以《论语·雍也》中说：“中庸之为德也，其至矣乎！”契嵩非常推崇中庸之道，撰有《中庸解》，进行阐述。如《中庸解第一》说：“夫中庸者，盖礼之极，而仁义之原也。礼、乐、刑、政、仁、义、智、信，其八者，一于中庸也。人失于中，性接于物，而喜、怒、哀、惧、恶生焉，嗜欲发焉。”又如《中庸解第二》说：“人不暴其生，人之生理得也；情不乱其性，人之性理正也，则中庸之道存焉。……故曰：仁、义、智、信、礼、乐、刑、政，其八者一于中庸者也。”文载清光绪二十八年扬州藏经院本《镡津文集》卷四。

②**纳须弥于芥子**：芥子，芥的种子，比喻极为细小。须弥，佛教中的山名。须弥至大至高，芥子至微至小，而须弥能够纳于芥子之中，比喻诸相皆非真，巨细可以相容。

③**九渊**：水的最深处。《庄子·列御寇》中说：“夫千金之珠，必在九重之渊，而骊龙颔下。”

④**梁武**：指梁武帝。

⑤**齐文宣**：齐文宣王萧子良。萧子良好佛，礼敬僧尼，曾手书佛书，供养佛牙，奉戒极严，致力于提倡佛

教义理。唯其数于邸园营斋戒，大集众僧，甚至赋食行水，躬亲其事，当时人每以为有失宰相之体。（见《南齐书》本传）

⑥**魏武：**指北魏宣武帝元恪。公元四九九年，宣武帝继位后，崇信佛教，养西域僧三千余人，择嵩山形胜处建造闲居寺，非常壮丽。当时贵族竞相仿效，使得佛教大行，整个洛阳城共造五百余座寺庙，各州郡共造一万三千余座。

⑦**周武：**或即北周武帝宇文邕。武帝即位后，一度崇信佛教。当时还俗的沙门卫元嵩出于某种目的，认为佛以大慈为本，安乐含生，所以上书请造平延大寺。这座寺，应能容贮四海万姓，不能偏于僧徒。这一建议，得到武帝首肯。不过，武帝后来大肆灭佛，世称“法难”，所以，契嵩所言，是否其人，还当存疑。

⑧**石虎：**（公元二九五—三四九年），字季龙，羯族，东晋列国后赵主石勒之侄。勒死，虎废勒子弘，自立为赵天王，后又称帝。在位十五年，穷奢极侈，劳役繁兴，刑罚严酷，民不聊生。

⑨**佛图澄：**（公元二三二—三四八年），西晋、后赵时僧人。本姓帛，西域龟兹人。九岁在乌苌国出家，两度到罽宾学法。持戒精严，对于古传戒律，多所考校。石勒建立后赵政权后，对佛图澄非常恭敬，军政大事必

先咨之而后行，并尊称为“大和上”。佛图澄常用佛教教义劝导石氏施行德化，不要杀害无辜。石虎即位后，对他更为敬奉。《晋书》有传。

石虎与佛图澄的对话见《高僧传》卷九，原文是：“虎常问澄：‘佛法云何？’澄曰：‘佛法不杀。’‘朕为天下之主，非刑杀无以肃清海内。既违戒杀生，虽复事佛，讵获福耶？’澄曰：‘帝王之事佛，当在心。体恭心顺，显畅三宝，不为暴虐，不害无辜。至于凶愚无赖，非化所迁，不能改恶，且有罪不得不杀，有恶不得不刑。但当杀可杀，刑可刑耳。若暴虐恣意，杀害非罪，虽复倾财事法，无解殃祸。’”

⑩**大顺**：指根据德、礼、法、信等礼教制定的准则而达到的境界。《礼记·礼运》篇说：“天子以德为车，以乐为御；诸侯以礼相与；大夫以法相序；士以信相考；百姓以睦相守。天下之肥也，是谓大顺。”

⑪**宋文帝**：（公元四〇七—四五三年），南朝宋第三个皇帝，名义隆，宋武帝第三子，公元四二四年至公元四五三年在位。宋文帝在位的三十年中，呈现出东晋以来未曾有过的繁荣景象，经济和文化都有了大幅度发展。佛教也在这一时期发展很快。文帝所用宰辅，如王弘、何尚之等，都信佛，一些著名文人如谢灵运等，也都对佛法很有造诣。宋文帝本人推崇佛法事，已见前与

何尚之对话注。

⑫**求那跋摩**：（公元三六七—四三一年），罽宾国（今克什米尔一带）人，二十岁出家，精研佛法，有盛名于时。刘宋时，文帝邀其入华，居祇洹寺，开讲《法华经》等，并从事译经，对律学贡献很大。宋文帝与求那跋摩的对话见《高僧传》卷三。原文是："文帝引见，劳问殷勤，因又言曰：'弟子常欲持斋不杀，迫以身殉物，不获从志。法师既不远万里，来化此国，将何以教之？'跋摩曰：'夫道在心，不在事。法由己，非由人，且帝王与匹夫所修各异。匹夫身贱名劣，言令不威，若不克己苦躬，将何为用？帝王以四海为家，万民为子。出一嘉言，则士女咸悦；布一善政，则人神以和。刑不夭命，役无劳力，则使风雨适时，寒暖应节，百谷滋繁，桑麻郁茂。如此持斋，斋亦大矣；如此不杀，德亦众矣。宁在阙半日之餐，全一禽之命，然后方为弘济耶？'帝乃抚几叹曰：'夫俗人迷于远理，沙门滞于近教。迷远理者谓至道虚说，滞近教者则拘恋篇章。至如法师所言，真谓开悟明达，可与言天人之际矣。'"（载大正五十·页三四一）

译文

天最高，地最远，鬼神最幽渺。修习圣人之法，就能得到天地的相应；按照圣人的话去做，就能得到鬼神的顺从。由于同类相感，天地鬼神无不与圣人同心同灵。情习不同，人们彼此之间就会产生矛盾；类别不同，生物相互之间就不能相合；若是“道”有错了，即使是小孩子也不会跟从的。现在圣人之道能够感动天地，振起鬼神，得到中原内外百姓的一致拥护，使他们的心不致因为古今时代的变迁而离散，那么，毫无疑义，圣人之道已经达到了最通达、最深至的境界。

什么是佛？佛就是人的正心。什么是人？人就是向这种正心努力的主体。佛和人实际上并没有区别。万物纷然，都是名，只有至理才是实。如果拘执于名而不了解实，世人怎能知道什么是最透彻的东西？人去行道，是成佛的因；佛来行道，是成佛以后果报的妙用。因就是还没达到最高境界，果就是已经达到最高境界。达到了最高境界就意味着已得到了正果，而得到了正果，则无论在什么地方都会自得自如。对于佛，何必一定要崇拜什么具体形象和执着外在形态呢？那些都不过是方便度化，为令入佛教深意所采用的象征而已。佛教学说是世人正心必须借助的方法。区别万物要靠名，同一万物要靠实。圣人用实教化世人，是希望人心能够彻底相同。圣人提倡废弃名来劝导世人，是为了防止人心趋向异端。考察一下圣人教化世人的动机，毫无疑义，在名、实两个方面都是最为深至的。

凡是人都有心，凡是心都有奇妙之处；任何一种教都能体现出道，任何一种道都有“正”在内。如果满足于一般的正，那么世人就不会追求最高深的道；如果满足于一般的奇妙，那么世人就不会探寻最深至的心。不能完全拥有最高深的道和最深至的心，那些虚伪、骄狂、矜慢的人就不会改正自己，而世人习惯了生生死死的因循变化，也就不会引起思考和警惕。奇妙，有一般的奇妙，也有最大的奇妙。正有一般行事的正，也有道理上的正。一般行事的正，指做事时有所制约；道理上的正，指特别符合性理。

一般的奇妙，体现在具体事情上；最大的奇妙，则是在一般奇妙上又进了一步。诸子百家都能做到一般的奇妙，但达不到最大的奇妙，只有圣人才能推导出最大的奇妙，因而高于诸子百家。一般行事的正，佛家和其他诸子百家都能做到，而道理上的正，诸子百家虽也有所表现，但并不透彻，只有佛家的圣人不仅得到了透彻的性理，而且推及于万物，无不得到验证。本心和至道是一种名称，正和奇妙是另一种名称。两种名称虽然不同，但本质上却是一样的。

一就是多，多就是一。一还能生出一，多还能生出多，就这样互相作用，没有穷尽。所谓最大的奇妙和玄微，大概就是这样的吧！因此，佛教能够将世俗的大千世界在方外表现出来，能够把极大的须弥山纳于极小的芥子之中，那些思想道德达到最高境界的人对此都深信不疑。这种学说是多么奇妙和正啊！还有什么能比得上呢？海固然很深，但九渊却比海还深，不明事理的人哪里懂得这些？唉！

对于教不可拘泥，对于道不可迷惑。拘泥于教就是过分看重外在，迷惑于道就是失去了根本。拘泥就是过，迷惑就是不及。过和不及都一样有害。所以，圣人要求对于性理要真诚，做事时则要懂得变通。不过，这里所说的事和理都应该是最正确的。事情各有具体情形，性理应求最为深至，按照具体情形来做事，这就是圣人之教；追求最为深至的性理，这就是圣人之道。梁武帝和齐文宣帝推崇佛教却不根据具体情形去做，不是太拘泥了吗？魏武帝和周武帝推行佛道，却丢掉了最为深至的性理，不是太迷惑了吗？

所谓佛教，就是善；所谓佛道，就是正。什么样的人正，就做什么样的人；什么样的事善，就做什么样的事。不必分僧儒，不必分彼此。彼此是情习的区别，僧儒是外在的不同。圣人通过外在来显示根本，通过行情来顺畅性理。把握根本而不拘泥于外在，这就叫懂得变通；顺畅性理而不沉溺于感情，这就叫懂得本质。过去，石虎掌握政权，推行杀罚，自己怀疑这样做得不到佛的保佑，于是佛图澄对他说："掌权者应该时刻想到'大顺'，行为符合三宝。假如治下有凶愚之人，无法教化，怎能不杀呢？只要那些受刑罚的人都是罪有应得，就做得不错。倘若滥施刑罚，草菅人命，即使轻财奉佛，也是没什么用处的。"

宋文帝曾经对求那跋摩说："我感到很惭愧，由于一心治国，即使想奉行斋戒，不事杀罚，又怎能做到呢？"跋摩答道："帝王与一般百姓在修行上的要求是不一样的。帝王的出言发令应该正确，以使人神悦和。人神悦和就会风调雨顺，风调雨顺就能使万物适意。以这种方式作为斋戒，就是最好的斋戒；以这种方式来行事，就是最高意义上的戒杀，所积的德也是最大的。何必以少吃一顿饭，保全一只鸟的性命这样的方式来修行呢？"宋文帝听罢，拍着几案称赞道："一般的百姓不了解至深的道理，一般的僧人太拘泥于所奉行的教义，您这种见解，真可以称得上天下最通达的道理，真可以用来讨论天和人的关系了。"佛图澄和求那跋摩都是古代道德品质最完善的人，他们的确是懂得怎样按具体情形行事啊！

原典

圣人以五戒之导世俗也，教人修人以种人。修之则在其身，种之则在其神，一为而两得，故感人心而天下化之。与人顺理之谓善，从善无迹之谓化。善之，故人慕而自劝；化之，故在人而不显，故天下不可得以校其功，天下不可得以议其德。然天下鲜恶，孰知非因是而损之？天下多善，孰知非因是而益之？有谓佛无所助夫王者之治天下者，此不睹乎理者也！

善不修，则人道绝矣；性不明，则神道灭矣。天地之往往者，神也；万物之灵族者，人也。其神暗，生生者所以异也；其人失，灵族者所以衰也。圣人重人道，所以推善而益之也；圣人重神道，所以推性而嗣之也。人者，天者，圣人者，孰不自性而出也？圣人者，天者，人者，孰不自善而成也？所出者，固其本也。所成者，固其教也。众成之大成者也，万本之大本者也。圣人以性嗣，盖与天下厚其大本也；圣人以善益，盖与天下务其大成也。父母之本者，次本也；父母之成者，次成也。次本，次成，能形人，而不能使其必人也。必人，必神，必先其大本大成也，而然后及其次本，次成，是谓知本也。

夫天下以父子、夫妇为人道者，是见人道之缘，而不见其因也。[①]缘者，近也；因者，远也。夫天下知以变化自然为乎神道者，是见其然，而不见其所以然也。然者，显也；所以然者，幽也。是故圣人推其所以然者，以尽神道之幽明也；推其远而略其近者，以验人道之因果也，圣人其与天下之终始乎！圣人不自续其族，举人族而续之，其为族不为大族乎哉！圣人不自嗣其嗣，举性本而与天下嗣之，其为嗣不亦大嗣乎哉！

教谓布施，何谓也？布施，吾《原教》虽论而未尽，此尽之也。布施也者，圣人之欲人为福也。夫福岂有象耶？在其为心之善不善耳。贪婪悭悋者，心之不善者也；济人惠物者，心之善者也。善心感之则为福，不善心感之则为极。福极之理，存乎儒氏之皇极矣。皇极者，盖论而不议者也。

夫布施之云为者，圣人欲人发其感福之心也。其发之者有优劣，则应之者有厚薄。以佛事而发其施心者，优也；以世事而发其施心者，劣也。圣人欲人之福必厚，故先优而后劣。劣者谓之卑，优者谓之胜。儒曰："福者，备也。备者，百顺之名也，无所不顺之谓备。"[②]此道其缘，而不道其因。非因，则天下不知其所以为福也。所种之地薄，则所成之物不茂；所种之地嘉，则所成之物必硕也矣。是故圣人示人之胜劣，岂有所苟乎？如以财而施人者，其福可量也；以法而施人者，其福不可量也。可量者，并世而言之也；不可量者，以出世而言之也。

教必尊僧，何谓也？僧也者，以佛为性（性，一作姓），以如来[3]为家，以法为僧（僧，一作身），以慧为命，以禅悦为食[4]。故不恃俗氏，不营世家，不修形骸，不贪生，不惧死，不溽乎五味。其防身有戒[5]，摄心有定[6]，辨明有慧[7]。语其戒也，洁清三惑，而毕身不污；语其定也，恬思虑，正神明，而终日不乱；语其慧也，崇德辨惑而必然。以此修之之谓因，以此成之之谓果。其于物也，有慈，有悲，有大誓，有大惠。慈也者，常欲安万物；悲也者，常欲拯众苦；誓也者，誓与天下见真谛；惠也者，惠群生以正法。神而通之，天地不能掩；密而行之，鬼神不能测。

其演法也，辩说不滞。其护法也，奋不顾身。能忍人之不可忍，能行人之不能行。其正命也，丐食而食，而不为耻。其寡欲也，粪衣缀钵，而不为贫。其无争也，可辱而不可轻。其无怨也，可同而不可损。以实相待物，以至慈修己，故其于天下也，能必和，能普敬。其语无妄，故其为信也至。其法无我，故其为让也诚。有威可敬（敬或作警），有仪可则，天人望而俨然。能福于世，能导于俗。

其忘形也，委禽兽而不悋；其读诵也，冒寒暑而不废。以法而出也，游人间，遍聚落，视名若谷响，视利若游尘，视物色若阳艳，煦妪[8]贫病，瓦合[9]舆儓[10]，而不为卑。以道而处也，虽深山穷谷，草其衣，木其食，晏然自得。不可以利诱，不可以势屈，谢天子诸侯而不为高。其独立也，以道自胜，虽形影相吊，而不为孤；其群居也，以法为属，会四海之人，而不为混。其可学也，虽三藏十二部[11]，百家异道之书，无不知也，他方殊俗之言，无不通也。祖述其法，则有文有章也；行其中道，则不空不有也。

其绝学也，离念清净，纯真一如，不复有所分别也。僧乎！其为人至，其为心溥，其为德备，其为道大。其为贤，非世之所谓贤也；其为圣，非世之所谓圣也，出世殊胜之贤圣也。僧也如此，可不尊乎？

注释

①此句中的“缘”和“因”是指佛教所说的事物赖以存在的各种关系，其中为事物的生起或坏灭的主要条件的叫因，辅助条件叫缘。一切事物都由因缘和合而成。

②语见《礼记·祭统》。

③**如来**：佛的别名，意思是如实道来而成正觉。《金刚经》中说如来是：“无所从来，亦无所去，故名如来。”

④**禅悦为食：**出自《华严经·净行品》："若饭食时，当愿众生，禅悦为食，法喜盈满。"意思是耽好禅理，心神恬悦。

⑤**戒：**指调整身心，使身心养成好习惯。在宗教、道德以至经济、法律及肉体健康等方面，都不做与理想相违的事。所以，戒就是防非止恶。

⑥**定：**指精神的安静统一。修习禅定是为了使心统一，并能以明镜止水般的心，去观察诸法实相，以获得正确的智慧。

⑦**慧：**通过戒、定而获得开悟，即称为慧。慧是最广义的智慧，不仅本体获得证悟，还要将此等智慧，从事救济众生的慈悲活动。

⑧**煦妪：**指养育。出自《礼记·乐记》："天地欣合，阴阳相得，煦妪覆育万物。"

⑨**瓦合：**出自《礼记·儒行》："慕贤而容众，毁方而瓦合。"陈澔集说："陶瓦之事，其初则圆，剖而为四，其形则方。毁其圆以为方，合其方而复圆。盖于涵容之中，未尝无分辨之意也。"意思是与众人相合，不自立异。

⑩**舆儓：**古代奴隶制中两个等级的名称。《左传·昭公七年》中说："人有十等，……王臣公，公臣大夫，大夫臣士，士臣皂，皂臣舆，舆臣隶，隶臣僚，僚臣仆，仆臣儓。"泛指地位低贱的人。

⑪**十二部：**十二部经。在佛教看来，一切经可分为十二部类，其顺序如下：一、契经（修多罗）；二、重颂（祇夜）；三、记莂（和伽罗那、授记）；四、讽颂（伽陀、偈）；五、自说（优陀那）；六、因缘（尼陀那）；七、譬喻（阿波陀那）；八、本事（伊帝目多伽）；九、本生（阇陀伽）；十、方广（毗佛略）；十一、未曾有法（阿浮陀达磨）；十二、议论（优波提舍）。

译文

圣人用五戒劝导世人，是要世人通过修行来积德。修行有益于身，积德有益于神，可谓一举两得，所以能够感化天下的人。帮助人按照性理去做叫作善，行善而让人看不出来叫作化。人们理解了善，就能倾心仰慕，自我勉励，而这样的教化，是没有什么痕迹的，因此，它的功劳，天下人无从加以查核；它的德义，天下人无从加以评说。但是，天下恶事的减少，善事的增多，焉知不是由于这个缘故呢？有的人说，佛教对君王治理天下没有帮助，这真是不明白事理啊！

不修善，做人的根本就不存在了；自性不明，神道也就寂灭了。天地之间，神无所不在；万物之中，人最为尊贵。神不明，就造成了有生命的物类转世后的差异；

做人不合规矩，作为万物的灵长，也会逐渐衰微。圣人为了帮助世人符合规矩，为了使神道延续下去，所以将善心和自性推及于世人。不管是人，是天，还是圣人，哪个不是由自性所决定的？哪个不是由行善而来的？自性是本，行善是教，这是所有成就中最大的成就，是所有根本中最大的根本。圣人推广自性，是为了增强天下人最大的根本；圣人劝导行善，是帮助天下人争取最大的成就。做儿女的，应该把父母看作根本，应该把侍奉父母作为自己的成就。但比较而言，父母的地位毕竟是次一等的，因为，父母虽然能把儿女带到世间，使他们成为人，但不一定能使他们成为好人。要想成为好人甚至成为神，必须追求最大的根本，达到最大的成就，由此再反过来考虑次一等的根本和成就，这就叫作懂得事物的本质。

天下人虽然往往承认父子、夫妇间的正确关系，但并不了解为什么会这样，也就是说，只了解缘，而不了解因。缘只体现一般的原因，因才体现根本的原因。天下人都认为，大自然的变化是神的作用，其实，这是只知其然，不知其所以然。然就是已显示出来的，所以然就是没有显示出来的。所以，圣人推出事物的所以然，是为了将神所表现的明显和不明显的两个方面都阐发出来；圣人强调根本原因而忽略一般原因，是为了验证人世间的各种因果关系。圣人真是能够贯通宇宙的终始啊！圣人不顾及自己的家族，不延续自己的后代，所做的一切，就是阐发本性，为世人扩大家族，延续后代，在这个意义上，圣人的家族不是最大，后代不是最多吗？

佛教里所说的布施是什么意思？关于布施，我在《原教》中曾讨论过，但不够透彻，这里再进一步加以说明。布施是圣人希望世人为自己造福的一种方法。福哪能看得见、摸得着呢？主要是在于人的心是善还是不善而已。贪婪悭吝的人心不善，济人惠物的人心是善的。有了善心，就能得到感应，从而为自己造福；没有善心，也会得到感应，结果就会受到惩罚。福佑和惩罚的道理，在儒家著作《尚书·洪范》中就有了，不过《尚书》里只有一种论定，缺少具体的阐述。

奉行布施，是圣人希望世人感发获福之心。感发有优劣，回应也就有厚薄。由于奉佛而感发布施之心是优，在世事中偶然表现的布施之心是劣。圣人希望世人都得到厚福，所以首先考虑优，然后再考虑劣。劣者比较一般，优者则高出一筹。儒家说："福就是齐备，齐备就是万事都顺于道理。"这还只是说到缘，没有说到因。而如果不了解因，世人就不知为什么会得到福佑。种的地差，收成就差；种的地好，收成就好。所以圣人一定要告诉世人优劣的区别，哪能草率了事呢？将资财布施与人，所获的福佑是可以估计出来的；用佛法来开导世人，所获的福佑是难以估计出来的。所谓可以估计，指的是入世；所谓难以估计，指的是出世。

佛教一定要求尊重僧人，这是为什么？僧人以佛为姓，以如来为家，以法为身，以慧为命，以禅悦为食。所以僧人不依赖俗人，不操持家业，不注重外表，不贪生，不怕死，吃东西不要求乳、酪、生酥、熟酥、醍醐这五味。僧人用戒来防止恶，用定来保持精神的安静统一，用慧来辨明物理，获得开悟。说到戒，僧人能够终身不沾染酒、色、财；说到定，僧人能够安静思虑，端正神明，终日不乱；说到慧，僧人能够推崇德义，辨明惑妄。像这样来修行就叫因，修行成功了就叫果。僧人对于万物，有慈心，有悲心，有大愿心，有大惠心。慈就是希望万物得到安宁；悲就是希望将众生救出苦海；誓就是发愿与天下一起得到真谛；惠就是用佛法施惠于众生。僧人的心灵与神相通，天地也不能限制；僧人在不知不觉中行善，有鬼神不测之功德。

僧人演述佛法，可以陈辞雄辩，识见通达。僧人为了保护佛法，可以舍弃生命，奋不顾身。僧人能够忍人之不可忍，能够行人之不能行。僧人能够端正性理，所以不以乞食为耻。僧人能够清心寡欲，所以穿着用碎布拼缀而成的旧衣，使用补过多次的钵，也不感到贫穷。

僧人与世无争，能够承受侮辱，却不可被轻视。僧人从无怨尤，可以没有特殊待遇，却不可被毁谤。僧人以本来面目对待万物，以最大的慈悲心要求自己，所以能让天下人和睦相处，互敬互爱。僧人说话不出妄言，所以最讲信用。僧人奉行无我之法，所以对人谦让，出自诚心。僧人的威仪可以警醒世人，僧人的榜样可以让世人效法。僧人可以为世人造福，可以为众生导向。

僧人能够超越形骸，即使被置于野兽之中也不感到害怕；僧人能够坚持诵读佛经，即使是严寒酷暑也从不中断。为了宣扬佛法，僧人可以走遍人间的每一个角落，把名看得像空谷中的一下声响，把利看得像空气中浮游的尘土，把一切景物都看成艳丽的风光。僧人照顾贫病之人，与社会底层的人相处，一点也不觉得低贱。僧人需要修道时，即使是住在深山穷谷，以草木为衣食，也能过得悠然自得。僧人不可以利诱，不可以势屈，辞谢天子诸侯的过问，并不是为了清高。僧人独处时，以悟道自我超越，即使是形影相吊，也不觉得孤单；群居时，以佛法作为互相联系的媒介，即使与普天下的人交往，也不算混杂。僧人若想学习，不仅是三藏十二部，即使是诸子百家之书，也没有不了解的；即使是中原以外的语言，也没有不精通的。僧人按照佛法去做，不管是在形式上还是在内容上都会有收获，可以达到不空不有的境界。

僧人能够注重本体，脱略学问，抛弃一切念虑，清净自然，纯真一如，不复再有物与我的区别。僧人为人深至，心胸博大，德行齐备，道义无边。僧人是贤人，但又不是世人所说的贤人；僧人是圣人，但又不是世人所说的圣人。僧人是出世的、特别出色的贤人和圣人。既然有这么多优点，对僧人能不尊重吗？

原典

以世法籍僧，何谓也？籍僧者，非古也，其暴周之意耳。[①]僧也者，远尘离俗，其本处乎四民之外。籍僧，乃民畜僧也。吾圣人之世，国有僧，以僧法治；国有俗，以俗法治，各以其法而治之也，未始闻以世法而检僧也。岂非圣人既隐，其道大衰，其徒污杂太甚，辅法不胜其人而然乎？羽嘉生应龙，应龙生凤皇，凤皇生众鸟[②]，物久乃变，其势之自然也。既变则不可不制也。制乎，在于区之别之，邪正曲直，不可概视也。石有玉，草有兰，人乎，岂谓无其圣贤耶？旌一善，则天下劝善；礼一贤，则天下慕贤。

近古之高僧者，见天子不名[③]，豫制书，则曰师，曰公。钟山僧远[④]，銮舆及门而床坐不迎；虎溪慧远[⑤]，天子临浔阳而诏不出山。当世待其人，尊其德，是故其圣人之道振，其徒尚德。儒曰贵德，何为也？为其近于道也。儒岂不然哉？后世之慕其高僧者，交卿大夫，尚不待预下士之礼，其出其处，不若庸人之自得也。况如僧远之见天子乎？况如慧远之自若乎？望吾道之兴，吾人之修，其可得乎？存其教而不须其人，存诸何以益乎？惟此未尝不涕下。

教谓住持者，何谓也？住持也者，谓藉人持其法，使之永住而不泯也。夫戒、定、慧者，持法之具也。僧园物务者，持法之资也。法也者，大圣之道也。资与具，待其人而后举。善其具，而不善其资，不可也；善其资，而不善其具，不可也；皆善则可以持而住之也。

昔灵山住持，以大迦叶[⑥]统之。竹林住持，以身子[⑦]尸之。故圣人之教盛，圣人之法长存。圣人既隐，其世数相失，茫然久乎。吾人侥幸，乃以住持名之，势之，利之，天下相习，沓焉纷然，几乎成风、成俗也。圣人不复出，其孰为之正？外卫者，不视不择。欲吾圣人之风不衰，望圣人之法益昌，不可得也。悲夫！吾何望也？

僧置正，而秩比侍中[⑧]，何谓也？置正，非古也，其姚秦之所始也。置正可也，置秩不可也。僧也者，委荣利以胜德高世者也，岂预宠禄乎？与僧比秩，不亦造端，引后世之竞势乎？道鬈不明，不知窒其渐，道鬈之过也。夫僧也者，出于戒、定、慧者也。夫正也者，出于诚明者也。僧非诚明，孰能诚戒、诚定、诚慧也？不诚乎戒、定、慧，则吾不知其所以为正也。

宋、齐、梁、陈四代，亦沿秦而置正；二魏、高齐、后周，革秦之制而置统；隋承乎周，亦置之统；唐革隋，则罢统而置录；国朝沿唐之制，二京则置录，列郡则置正。夫古今沿革虽异，而所尸一也。天下难于得人，而古今皆然。果得其正，则吾人庶几无邪也。慎之乎，慎之乎，难其人乎！

有形出无形，无形出有形，故至神之道，不可以有寻，不可以无测；不可以动失，不可以静得。圣人之道空乎，则生生奚来；圣人之道不空乎，则生孰不泯。善体乎空不空，于圣人之道，其庶几乎！

夫验空，莫若审有形；审有形，莫若知无形；知无形，则可以窥神明；窥神明，始可以语道也。道也者，神之蕴也，识之所自出也。识也者，大患之源也。谓圣人之道空，此乃溺乎混茫之空也。病益病矣，天下其孰能治之乎哉？

天下不信性为圣人之因，天下不信性为圣人之果。天下惑性而不知修性，天下言性而不知见性。不信性与圣人同因，自昧也；不信性与圣人同果，自弃也。不修性而性溺，惑也；不见性而其言性，非审也（或无上二而字）。是故指修，莫若乎因；克成，莫若乎果；全性，莫若乎修；审性，莫若乎证。因也者，修性之表也；果也者，成性之效也。修也者，治性之具也；证也者，见性之验也。天下其心，方散之乱之，惰之慢之，谓不必因而罔其表者，则天下何以劝其修性而趋其成乎？天下之心，方疑之惑之，而不定也，谓不必果而罔其效者，则天下何以示其成性而显其果有所至乎？

谓不必修而罔其具者，则天下其性能不蔽而果明且净乎？天下之有见、无见、断见⑨、常见，其说方纷然相糅而不辨，谓不必证而罔其验者，则天下何以别其见性之正乎邪乎，至哉不至哉？百家者皆言性，而不事乎因焉、果焉、修焉、证焉，其于性也，果效白乎？诸子务性，而不求乎因也、果也、修也、证也，其于性果能至之乎？是故吾之圣人道性，必先夫因、果、修、证者也。旨哉！天下可以思之矣。

注释

①北周建德三年（公元五七四年），武帝下诏禁佛道二教。这年六月，设置通道观，选佛、道名士一百二十人，普着衣冠，为“通道观学士”，并置官吏统管。

②羽嘉和应龙都是古代传说中飞行动物的祖先。应

龙即飞龙。这几句话出自《淮南子·地形》，全文是："羽嘉生飞龙，飞龙生凤皇，凤皇生鸾鸟，鸾鸟生庶鸟。凡羽者生于庶鸟。"

③**见天子不名**：南齐武帝以前，僧人见皇帝往往自称贫道而不称名。据《高僧传·法献传》记载："时畅（玄畅）与献二僧，皆少习律检，不竞当世。与武帝共语，每称名而不坐。后中兴僧钟于乾和殿见帝，帝问钟所宜。钟答：'贫道比苦气。'帝嫌之。乃问尚书王俭：'先辈沙门与帝王共语何所称？预正殿坐否？'俭答：'……自尔迄今，多预坐而称贫道。'帝曰：'畅、献二僧，道业如此，尚自称名，况复余者！挹拜则太甚，称名亦无嫌。'自尔沙门皆称名于帝王，自畅、献始也。"

④**僧远**：（公元四一四—四八四年），南齐僧人，山东乐陵人。十八岁出家，师事道凭法师。三十一岁，始登讲习。渡江后，住钟山上定林寺。一时高逸之士，都喜欢和他交接。卒年七十一。床坐不迎事，见慧皎《高僧传》卷八《僧远传》。

⑤**慧远**：（公元三三四—四一六年），俗姓贾，东晋雁门楼烦（今山西宁武附近）人。师事名僧道安。太元六年（公元 381 年）入庐山，居东林寺，与刘遗民、宗炳、慧永等十八人结白莲社。在山三十余年，净土宗推尊为初祖。诏不出山，事见慧皎《高僧传》卷六《慧远

传》。

⑥**大迦叶：**摩揭陀国人，本事外道，后归佛教。释迦殁后，传正法眼藏，为佛教长老。禅宗奉为西土二十八祖之始祖。

⑦**身子：**舍利弗的译名，释迦十大弟子之一。幼年通百科技艺，拥有弟子多人，声势甚大。后闻释尊盛名，于是率三百五十余名弟子在竹林精舍皈依佛陀，受具足戒。由于他的皈依，释迦的威德更加发扬，教团的势力大为扩张，佛陀誉他为法将，舍利弗因此而占诸弟子首座，被称为智慧第一。

⑧东晋列国后秦以道䂮法师为僧正，秩同侍中，这是僧人立官的开始。南朝梁名大僧正，又有尼正。以后的沿革，与契嵩书中所言大体相似。参看《中国大百科全书·宗教》第五百四十八页“中国僧官制度”条，中国大百科全书出版社一九八八年版。

⑨**断见：**佛教认为人之见有二种，一是常见，二是断见。不知己身及诸外物本性常住，而反以身死为断灭之见称断见。

译文

用俗世的法则来登记管理僧人指的是什么呢？登记管理僧人并非古已有之，而是从残暴的北周开始的。僧人远离世俗，本来就不在四民之内，这样做，完全是对待四民的方法。在圣人的时代，国家用僧法来治理僧人，用俗法来治理俗人，从未听说用俗法来约束僧人，这岂不是由于圣人不在世了，圣人之道极度衰微，佛教徒中的流品太杂，僧法不能完全约束这些人的缘故吗？羽嘉生出应龙，应龙生出凤凰，凤凰生出一般的鸟，时间长了，后代就自然会起变化。既然起了变化，就不能不加以控制。控制的方法，应该是把邪正曲直区别开来，而不可一概而论。石头中有玉，花草中有兰，人群中哪能没有圣贤呢？表彰一个善人，天下人都会向善；礼敬一个贤人，天下人都会慕贤。

近古的高僧，见到天子也不报自己的名字，天子的制书中把他们称为“师”和“公”。过去钟山的僧远，当皇帝的銮舆来到门前时，他却坐在坐榻上不去迎接；虎溪的慧远，天子驾临浔阳时，下诏叫他出山，他却不听。当时人都能善待他们，尊崇他们的德行，所以佛道兴盛，佛教徒也注重修德。儒家为什么注重修德？是因为修德则近道。这样看来，儒家和佛家不是一样的吗？后世有些钦慕前代高僧的出家人，他们与公卿大夫交接时，所受到的礼遇竟还不如普通士人，这样看来，他们的地位还不如没有知识的人那样悠闲自得呢！哪能比得上僧远和慧远见到天子时，那样的不亢不卑的自若神态？在这种情形下，怎能企望佛道兴盛，怎能指望佛教徒好好修行呢？佛教尽管保存下来了，但如果不对佛教徒提出高要求，那么保存佛教又有什么用呢？每当想到这里，总是忍不住潸然涕下。

佛教中的住持是什么意思？寺院中由某个僧人主持，使佛法永远延续流传下去，这个主持的僧人，就称为住持。戒、定、慧是弘扬佛法的精神保证，寺院中的一些必要财产是弘扬佛法的物质所需。佛法是大圣人的根本，要想使佛法得到广泛推行，就必须找到合适的人才来承担这一使命。只修精神不理物质和只理物质不修精神，都同样不可取。必须既能够做到精神上的修行，又善于管理寺院事务，才有资格做住持。

过去灵山由大迦叶住持，竹林精舍由舍利弗住持，所以佛教才能兴盛，佛法才能长存。现在圣人已经不在世，好的世数久已不见，僧人中有的侥幸做了住持，就追求势利，大家彼此仿效，几乎成为风尚。圣人不再出现，谁能扭转这种风气呢？如果对那些有助于端正心志的传统一点也不愿采用，要想使佛教繁荣昌盛，要想使佛法更加深入人心，是做不到的。真是可悲呀！我还能指望什么呢？

僧人设置僧正这一官职，俸禄比照侍中，是什么意思？设置“正”，并非古已有之，而是从姚秦开始的。

设置“正”是可以的，但俸禄则没有必要。僧人应该能够抛弃荣利，以胜德高于世人，怎能沾染俸禄呢？僧人如果也拿俸禄的话，岂不是开了一个头，引导后世追逐名利吗？道䂮糊涂，不懂得遏阻这一情势，这是他的过失。只有做到戒、定、慧，才能成为僧人；只有心地诚明，才能称得上正。僧人若不是心地诚明，怎能真正做到戒、定、慧？做不到戒、定、慧，当然也就无法称得上正。

宋、齐、梁、陈四个朝代也沿袭姚秦的做法，设置僧正；东魏、西魏、高齐、后周四个朝代则变革姚秦的制度，设置僧统；隋朝继承后周，也设置僧统；唐朝灭隋，则不设僧统而设僧录；本朝继承唐朝的制度，洛阳和开封设置僧录，其他州郡则设置僧正。自姚秦以来，名称虽多有变异，但所应承担的职责却是一样的。天下最难的事就是发现人才，古今都是如此。如果僧官都能做到“正”，那么，出家人中就不会有坏人了。人才是如此难得，所以要谨慎啊！

有形出自无形，无形出自有形，所以对于至神之道，从有的意义上固然无法寻找，从无的意义上也无法推测；动并不会失去，静也不会获得。说圣人之道是空吗？有生命的物类为什么会一代一代没有穷尽？说圣人之道不空吗？哪一个具体的生命形态不会消失呢？如果善于体会空和不空的含义，那么差不多就算是理解了圣人之道。

要考察什么叫空，最好是先考察什么叫有形；要考察什么叫有形，最好是先知道什么叫无形；知道了什么叫无形，就是了解神明；而了解了神明，才可以来讨论什么是道。道是神明的内蕴，意识由道生出，而意识代表能够分辨是非，从根本上说，又是大祸患产生的根源。如果在一般的意义上去讨论圣人之道是空还是不空，那么，对空的认识，实际上是与混茫天空的空混为一谈了。现在有这种错误想法的人越来越多，谁能加以纠正呢？

天下人不相信性既是圣人所说的因，也是圣人所说的果。天下人的性被迷惑，却不知修性；天下人都能谈论性，却不知见性。不相信性是圣人所说的因，叫作自昧；不相信性是圣人所说的果，叫作自弃。不修性而任其沉溺，这是自惑；不见性而只知讨论性，这是肤浅。所以要引导世人修行，最好是指出因；告诉世人成功的情形，最好是阐述果；要保全自性，最好是修行；要检验自性，最好是证入。因是修性的外力，果是成性的效验。修行是治性的工具，证入是对见性的检测。世人之心如果仍然散乱、怠惰、轻慢，认为不必考虑因，并漠视修性的外力，那么怎么劝他们通过修性来达到成功呢？世人之心如果仍然疑惑不定，认为不必考虑果，并漠视成性的效验，那么怎么让他们知道有的人由于成性而正果呢？

如果说不必修行，可以丢掉工具，那么天下人的自性真能不被遮蔽，而果一直明净吗？天下人的见解有有见，有无见，有断见，有常见，各种说法很多，是非不辨，如果说不必证入和检验，那么怎样区别见性的对与不对，透彻与不透彻呢？诸子百家都能讨论性，但对于因、果、修、证却不曾涉及，这样的话，能有什么效果呢？诸子百家也都探求性，但却不从因、果、修、证入手，这样的话，怎么能够认清性呢？因此，佛陀言性，一定要先从讨论因、果、修、证开始。这是多么值得赞美啊！天下人应该好好想一想。

原典

圣人之教存乎道，圣人之道存乎觉。觉则明，不觉则不明，不明，则群灵所以与圣人相间也。觉也者，非渐觉也，极觉也。极觉乃圣人之能事毕矣。觉之之谓佛，况之之谓乘。觉之以成乎圣人之道，乘之以至乎圣人之域。前圣也，后圣也，孰不然乎哉？

稽圣人之所觉，在乎群生之常觉也。众生日觉而未始觉，觉犹梦，晓而犹昧，是故圣人振而示之，欲其求之；引而趋之，欲其至之。人夫谓佛，何拒而讻之？为家而投珍，蹈路而舍地，惑亦甚矣！觉也者，以言乎近，则息尘劳，靖神明，正本以修末；以言乎远，则了大伪，外死生，至寂而常明。闲闲与圣人同德，觉之效也如此。大哉至乎！不可以言尽，不可以智得，神而明之，存乎其人。

吾圣人之作，当周之盛世也，瑞气见乎昭王[①]，而《周书》不书，避异也。化人自西极而至，将穆王以神游[②]，圣人其兆于诸夏也。十八异僧如秦，而始皇怪之[③]，佛法其东播之渐也。梦于汉[④]，而声教遂振，其冥数之当兴也。出于彼而不出于此，何也？以彼一天下之大中也。将表其心、其权、其道之大中乎？圣人以道作，以权适宜，以所出示迹。夫道也者，圣人之理中也；权也者，圣人之事中也；所出也者，圣人之示中也。示中，则圣人之心可知也；理中，则圣人之道之至也；事中，则圣人之事之得也。

传谓彼一天下，其所统者若中国之所谓，其天下者殆有百数而中国者。以吾圣人非出中国而夷之，岂其所见之未博乎？《春秋》以徐伐莒不义，乃夷狄之；以狄人与齐人盟于刑得义，乃中国之。《春秋》固儒者圣人之法也，岂必以所出，而议其人乎？然类不足以尽人，迹不足以尽道，以类而求夫圣人，不亦缪乎？以迹而议夫圣人之道，不亦妄乎？

圣人见乎五帝三王之后，而不见乎五帝三王之先，何谓也？圣人非苟见也，圣人以人心所感而见也。五帝三王之前，群生之心不感，而圣人不来也；五帝三王之后，群生之心感，圣人之迹所以至也。道在众生之谓因，道在圣人之谓缘。因缘有稔焉，有未稔焉。因缘稔矣，虽众生不求，而圣人必至。因缘未稔，虽群生求之，而圣人不应。是知圣人与众生，盖以道而自然相感，非若世之有所为者，以情而取之，以情而舍之也。

圣人之知远，至远也。圣人之先觉，至觉也。是故其教，推索乎太极[⑤]之前，却道乎天地之更始。故其书，为博，为多，为不约，浩浩乎不可以一往求，不可以一日尽。治其书之谓学，学其教之谓审，审其道之谓至。天下非至无本，非教无明，非书无知，是故研圣人之道者，不可舍其教也；探圣人之教者，不可损其书也。今辨其道，而距其教；校其教，而不顾其书，不亦妄乎？儒曰：“虽有嘉肴，弗食，不知其旨也；虽有至道，弗学，不知其善也。”[⑥]不其然哉！谓其道不足法，推己道以辨之；谓其书不足详，援己书以较之。夫与乡人讼，而引家人证，当乎？必也不当矣。

道也者，天下之本也。书也者，天下之迹也。事也者，天下之异也。理也者，天下之同也。以理而质事，天下之公也。寻迹以验本，天下之当也。夫委书而辨道，舍理而断事，天下若此而为之者，公乎？当耶？

古之有圣人焉，曰佛，曰儒，曰百家，心则一，其迹则异。夫一焉者，其皆欲人为善者也；异焉者，分家而各为其教者也。圣人各为其教，故其教人为善之方，有浅，有奥，有近，有远，及乎绝恶，而人不相扰，则其德同焉。

中古之后，其世大漓。佛者，其教相望而出，相资以广天下之为善。其天意乎？其圣人之为乎？不测也。方天下不可无儒，无百家者，不可无佛！亏一教，则损天下之一善道；损一善道，则天下之恶加多矣。夫教也者，圣人之迹也，为之者（本或无之），圣人之心也。见其心，则天下无有不是；循其迹，则天下无有不非。是故贤者，贵知夫圣人之心。《文中子》曰："观皇极谠议，知佛教可以一矣。"⑦王氏殆见圣人之心也。

注释

①《周书异记》载佛陀生于周昭王之世，其文说："周昭王即位二十四年甲寅岁四月八日，江河泉池，忽然泛涨，井水皆溢出。宫殿人舍，山川大地，咸悉震动。

其夜五色光气入贯太微，遍于西方，尽作青红色。周昭王问太史苏由：‘是何祥也？’由对曰：‘有大圣人生于西方，故现此瑞。……一千年外，声教被及此土。’昭王即遣镌石记之，埋在南郊天祠前。”文见唐代法琳于武德五年所上《破邪论》引，载《广弘明集》卷十一（大正五十二·页一六三）。按：当代学者一般认为《周书异记》为伪书。

②《感通录》中载天人陆玄畅来谒，言及秦穆公时获一石佛，穆公因污像感疾，以问由余。由余谓周穆王时有化人来，云是佛神。穆王为筑高台做道场。《感通录》见载于大正五十二·页四三六。按：周穆王时有化人来，将穆王以神游，最早见于《列子》，不过学者多以为此是伪书。

③《广弘明集》卷十一载唐代法琳驳傅奕书，内引释道安、朱士行等《经录》说：“始皇之时，有外国沙门释利防等一十八贤者，赍持佛经来化始皇。始皇不从，乃囚防等。夜有金刚丈六人来，破狱出之。始皇惊怖，稽首谢焉。”（大正五十二·页一六六）

④此事见于东汉末牟融《牟子理惑论》第二十章：“昔孝明皇帝，梦见神人，身有日光，飞在殿前。欣然悦之。明日，博问群臣：‘此为何神？’有通人傅毅曰：‘臣闻天竺有得道者，号曰佛，飞行虚空，身有日光，殆将其神

也。’于是上悟，遣中郎蔡愔、羽林郎中秦景、博士弟子王遵等十八人，于大月支写佛经四十二章。”牟文载《弘明集》卷一。

⑤**太极**：指原始混沌之气。

⑥语见《礼记·学记》。

⑦语见王通《中说》，见《四部丛刊》初编。按：契嵩对王通非常推崇，其《镡津集》卷十五《文中子碑》一文中，将王通称为继孔子、孟子、荀子、扬雄后的一个大儒。在同书卷十六《书文中子传后》一文中，他更称赞王通“能续孔子六经，盖孔子之亚也”。《中说》一名《文中子》。

译文

圣人之教表现在圣人之道中，而圣人之道则表现在觉悟中。觉悟了就能洞明，否则就不能洞明，而不能洞明正是众生与圣人之间的重要区别。觉悟并不是指一般的觉悟，而是指彻底的觉悟。彻底觉悟就达到了圣人的境界。觉悟了就成为佛，用打比方来说明觉悟的程度叫作乘。通过觉悟成就圣人之道，这一过程，就像乘车，目的地就是圣人的领域。不管是以前的圣人，还是后来的圣人，哪一个不是这样的呢？

考察一下由觉悟而成为圣人的方式，可以发现，其实这就体现在世人的日常生活中。世人每天都有可能觉悟，但却缺乏自觉意识，打个比方来说吧，就如同清醒后仍像在做梦，天大亮了却仍然看不清，所以圣人要让他们惊醒，要告诉他们方法，希望他们去探求觉悟的途径；引导他们向前走，达到觉悟的目的。世人为什么要拒绝佛的帮助并且争辩不休呢？那些为了保护自己的家而献出珍宝，为了自己走路而施舍土地的人，心中的迷惑真是太严重了！觉悟的作用，从近的方面来说，能够不受俗务的侵扰，使得神明清净，达到正本修末的目的；从远的方面来说，能够去除大伪，超越死生，表面上虽看不出来，但却万代长明。世人若是觉悟了，就能身心舒泰，与圣人同德。觉悟的境界是何等至大至深啊！但如何获觉悟，却无法用语言表达出来，有智慧的人也不一定就能做到，这完全要看人们是否心神洞明了。

佛陀的诞生，正当周代的繁盛时期。当时，有瑞气出现在昭王身上，不过《周书》中没有记载，这是为了回避异常的缘故。穆王时，有人自西方而来，带着穆王神游四方，这是圣人将传法于中国的预兆。秦始皇时，有十八个僧人来到中国，他们的形貌很奇特，使秦始皇感到非常奇怪，这实际上是佛法东播的开始。到了汉代，从明帝梦见佛陀起，佛教就逐渐兴盛起来，考察其中的原因，应该说是中国出现了适应佛教的机缘。但佛教为什么产生在西方，而不产生在中国呢？这是因为要在普天下表现出它的“正”。产生在西方，难道不是为了表现圣人之心、圣人之权、圣人之道的正吗？圣人以道作为根本，以权来对待各种具体情形，以某些外在形态来显示本体的存在。圣人用正来阐述事理，就叫作道；圣人用正来处理具体情形，就叫作权；圣人若用正来显示本体存在，就体现在诸如寺院、僧堂等外在形态上。外在形态上正，可以从中了解圣人之心；事理上正，圣人之道就会得到充分体现；处理事务上正，就能使圣人的要求在具体问题上显示出来。

据记载，普天之下，像中国这么大的国家还有不下一百个。那些由于佛陀不是出自中国，因而就将其视为夷狄的人，视野不是太狭窄了吗？以前，徐国讨伐莒国不合礼义，于是《春秋》认为徐国是夷狄；而狄人与齐人在刑这个地方会盟，符合礼义，于是《春秋》就认为狄人在本质上并不是夷狄。《春秋》代表了儒家圣人的处事原则，却并没有因为出生地而对人区别看待。因此，生在什么地方，并不能说明人的好坏，一种学说在什么时候出现，也与它的正确与否没有关系。假如一定要求圣人必须生在什么地方，否则就不予承认，那岂不是太荒唐了吗？假如一定要求圣人的学说必须在什么时候出现，否则就说它不正确，那岂不是太虚妄了吗？

圣人为什么出现在五帝三王之后，而不是在此之前呢？这是因为圣人并不是轻易就出现的。社会只有发展到一定的程度，受到世人之心的感应，圣人才会出现。五帝三王之前，圣人对众生之心没有感应，所以没到中国来；五帝三王之后，圣人对众生之心有了感应，所以佛教就传入了中国。道表现在众生身上叫作因，道表现在圣人身上叫作缘。因缘有成熟的时候，也有不成熟的时候。因缘成熟的时候，众生即使不求，圣人也自会到来。因缘不成熟的时候，众生即使相求，圣人也不会回应。由此，我们可以得知，圣人与众生的关系完全是由于道而自然相感，而不像世上的有些人，做事全凭感情，高兴了就来，不高兴了就走。

圣人的先知先觉，已达到了最高的境界。所以圣人之教能够探知太极之前，能够了解天地的形成。所以佛教的著作知识广博，卷帙繁多，不能只读片面的教理，也不要指望在一天能读完。读佛书叫作学习，学佛教叫作明理，明悉了佛教的原理，思想上就会达到极致。世人没有极致就会失去根本，没有佛教就难以明理，没有佛书就难免无知，所以研习佛道，不可抛弃佛教；探讨佛教，不可毁损佛书。现在有的人想驳斥佛道，却不懂佛教；想比较佛教的优劣，却没有读过佛书，这不是很荒谬吗？儒家有人曾说过："即使有佳肴，若不吃，便不知它味道鲜美；即使有深至的学说，若不学，便不知它的好处。"的确是如此啊！了解了自家的学说，就认为别家的学说都不足效法；读了自己学派的著作，就认为别的学派的著作都不值一提，这就好比同别人打官司，却用自家人做证人，这合适吗？一定是不合适的。

道是天下的根本，书上记载着与根本相关的具体表现。各类事情虽然都不相同，但里面的事理却是一样的。用理来检验事，是最公正的；用具体表现来检验根本，是最恰当的。如果丢掉根本来辩论某种学说是否正确，舍弃事理来判断具体事情是对是错，这样做能公正吗？能恰当吗？

古代佛家、儒家和其他诸子百家中都有圣人。这些圣人的本质是一样的，但具体表现则各有不同。所谓本质一样，就是都要求世人为善；所谓具体表现不同，就是各自按照自己的学说行事。因为不同圣人的行事不同，所以教人为善的方法有浅有深，追求也有近有远，但在要求世人不做坏事，不相争竞方面，又没有什么区别。

中古以后，世道愈益浇薄。佛教在这个时候传入中国，来帮助增广世人的向善之心。这是天意呢，还是圣人自己的要求呢？很难说得清楚。如果说，天下不可没有儒家，不可没有其他诸子百家的话，那么，必须说，也不可没有佛家！削弱一个教，就会削弱天下一种善道；而削弱一种善道，天下的恶无疑就会增加许多。教是圣人之道的外在表现，履行教义是圣人之心的要求。做事时若能体现圣人之心，就能保持正确；若只追求形迹，就会犯错误。所以做一个贤者，最重要的就是要了解圣人之心。王通说："看到皇帝的言行如此正直，就知道佛教是能够站住脚的。"王通真可称得上是了解圣人之心的人。

3　卷下

孝论

原典

叙曰：夫孝，诸教皆尊之，而佛教殊尊也。虽然，其说不甚着明于天下，盖亦吾徒不能张之。而吾尝慨然甚愧。念七龄之时，吾先子方启手足[①]，即命之出家。稍长，诸兄以孺子可教，将夺其志。独吾母曰："此父命，不可易也。"逮摄衣将访道于四方，族人留之。亦吾母曰："汝已从佛，务其道宜也，岂以爱滞汝？汝其行矣。"呜呼！生我，父母也；育我，父母也，吾母又成我之道也。昊天罔极[②]，何以报其大德！

自去故乡凡二十七载，未始不欲南还坟陇，修法为父母之冥赞。犹不果然。辛卯③其年，自以弘法婴难，而明年乡邑亦婴于大盗，吾父母之坟庐，得不为其剽暴？望之涟然泣下。又明年，会事，益有所感，遂著《孝论》一十二章，示其心也。其发明吾圣人大孝之奥理密意，会夫儒者之说，殆亦尽矣。吾徒之后学，亦可以视之也。

注释

①**启手足**：典出《论语·泰伯》："曾子有疾，召门弟子曰：'启予足，启予手。'"启是看的意思。儒家宣扬孝道，临终以得保全身体为幸。后来即把启手足作为善终的代称。

②**昊天罔极**：出自《诗·小雅·蓼莪》："父兮生我，母兮鞠我……欲报之德，昊天罔极。"昊，大。罔极，无穷无尽。儒家宣扬孝道，故用"昊天罔极"比喻父母对子女的恩德无穷无尽。

③**辛卯**：指皇祐三年（公元一〇五一年）。

译文

叙曰：孝这种品德，诸家都很尊崇，但比较起来，佛教更为尊崇。不过，虽然如此，由于佛教徒未能很好地宣传，所以世人无法了解这一层道理。对此，我深有感慨，也非常惭愧。回想几十年前，父亲临终的时候，我才七岁，父亲即要求我出家。后来长大了一些，众位兄长认为我在功业上可以造就，于是纷纷希望我放弃出家。只有母亲说："这是他父亲的要求，不能改变。"等到我整顿好行装，将要云游四方，去访求佛家真谛时，族人又加以阻拦。这时，还是母亲说："你已经献身于佛，专心佛事是应该的，哪能因为亲情不让你走呢？你还是上路吧！"唉！父母生下了我，养育了我，现在母亲又支持我献身佛道。父母的大恩大德怎能报答得尽啊！

自从离开故乡，来到北方，二十七年过去了，无时无刻不在想着回去，为父母做佛事，超度亡灵。这一愿望一直未能实现。辛卯年，我由于弘扬佛法遇到麻烦；第二年，故乡遭到强盗的侵扰。我父母的坟墓，能不受到毁坏吗？遥望南天，不禁流下眼泪。又过了一年，听说有人以不孝的名义排佛，心中更有所感，于是写下十二篇《孝论》，以表白自己的心迹。其中融合儒家学说，发扬佛陀关于大孝的深奥道理，应该是很详尽的了。佛教徒中的后辈子弟，可以从中有所得。

明孝章第一

原典

二三子祝发[1]，方事于吾道，逮其父母命之，以佛子辞而不往。吾尝语之曰：佛子情可正，而亲不可遗也。子亦闻吾先圣人，其始振也为大戒，即曰孝名为戒，盖以孝而为戒之端也。子与戒而欲亡孝，非戒也。夫孝也者，大戒之所先也。戒也者，众善之所以生也。为善微戒，善何生耶？为戒微孝，戒何自耶？故经曰："使我疾成于无上正真之道者，由孝德也。"

注释

①**祝发**：断发，后亦每称削发为僧为祝发。

译文

有些人削发为僧后，投身于佛教的事业，有时碰到父母有事召唤时，往往以奉佛为借口加以拒绝。我曾经告诉他们说：奉佛只要心正就可以了，并不要求和自己的亲人一刀两断。你们有没有听说过，佛陀刚开始制定大戒时，就提到了孝，这是把孝摆在了诸戒的首要地位。你们声称遵从佛戒，但却不讲孝道，这不是真正的遵从佛戒。孝是大戒之首，持戒才能生出众善。想行善却不持戒，善从哪里来呢？想持戒却不行孝，戒从哪里来呢？所以经文上说：“孝德能够使我很快地成就无上正真之道。”

孝本章第二

原典

天下之有为者，莫盛于生也。吾资父母以生，故先于父母也。天下之明德者，莫善于教也。吾资师以教，故先于师也。天下之妙事者，莫妙于道也。吾资道以用，故先于道也。

夫道也者，神用之本也；师也者，教诰[①]之本也；父母也者，形生之本也。是三本者，天下之大本也。白刃可冒也，饮食可无也，此不可忘也。吾之前圣也，后圣也，其成道树教，未始不先此三本者也。大戒曰：孝顺父母师僧，孝顺至道之法。不其然哉！不其然哉！

注释

①**诰：**告诫、勉励。

译文

天下的万事万物中，以生命形态最为活跃。我从父母那里得到生命，所以应该把父母放在首位。天下之人要想讲明道德，最重要的途径就是教育。我从老师那里受到教育，所以应该把老师放在首位。天下所有的妙事中，道是最神妙的。我的全部生活都是靠道来指导，所以应该把道放在首位。

道是神妙用世之本，老师是教育之本，父母是形成生命之本。这三个根本，是世上最大的根本。人可以冲向利刃，不顾生命，可以放弃饮食，不顾饥渴，但这三个最大的根本不能忘掉。不管是佛家前代的圣人，还是后代的圣人，他们成就道行，树立教义，都是把这三大根本置于首位的。大戒说：孝顺父母，听从老师，推尊僧人，就是对至道的信奉。难道不是这样吗！难道不是这样吗！

原孝章第三

原典

孝有可见也，有不可见也。不可见者，孝之理也；可见者，孝之行也。理也者，孝之所以出也；行也者，孝之所以形容也。修其形容，而其中不修，则事父母不笃，惠人不诚。修其中，而形容亦修，岂惟事父母而惠人，是亦振天地而感鬼神也。天地与孝同理也，鬼神与孝同灵也。故天地鬼神，不可以不孝求，不可以诈孝欺。佛曰："孝顺至道之法。"儒曰："夫孝，置之而塞乎天地，溥之而横乎四海，施之后世而无朝夕。"①故曰："夫孝，天之经也，地之义也，民之行也。"②至哉大矣！孝之为道也夫！是故，吾之圣人，欲人为善也，必先诚其性，而然后发诸其行也。

孝行者，养亲之谓也。行不以诚，则其养有时而匮也。夫以诚而孝之，其事亲也全，其惠人恤物也均。孝也者，效也；诚也者，成也。成者，成其道也；效者，效其孝也。为孝而无效，非孝也；为诚而无成，非诚也。是故圣人之孝，以诚为贵也。儒不曰乎：君子诚之为贵。③

注释

①这几句是曾子所说的话，见于《礼记·祭义》。

②这几句是孔子所说的话，见于《孝经·三才》。

③《礼记·中庸》中说："诚者，天之道也；诚之者，人之道也。"又说："唯天下至诚为能尽其性，能尽其性则能尽人之性，能尽人之性则能尽物之性，能尽物之性则可以赞天地之化育，可以赞天地之化育则可以与天地参矣。"这几句或者就是"诚之为贵"的出处。

译文

有的孝表现于外在，有的孝表现在心中。表现在心中的是孝理，表现于外在的是孝行。孝行从孝理而出，是孝理具体的形象反映。只注重外在，不注重内心，则侍奉父母不会专一，施惠他人也缺乏诚意。如果既重视内心，又重视外在，那么不仅能够专一侍奉父母，坦诚施惠他人，还能够感天地、动鬼神。天地与孝道理相同，鬼神与孝灵异相同。所以，不孝顺固然无法获得天地鬼神的福佑，假装孝顺也欺骗不了天地鬼神。佛陀说："孝顺是求得至道的方法。"儒家说："孝道充塞天地之间，广被四海之内，将它推行到后世，无时无刻不需要。"所以《孝经》中说："孝道是天经地义、无可怀疑的，人必须效法天地，因而也就必须遵守孝道。”孝道是多么广博深远啊！因此，佛教圣人要求世人为善时，一定先要端诚他们的心性，然后再体现在行动中。

孝行，指的是奉养亲老。孝行若缺乏诚心，奉养就不能始终如一。孝行若以诚心为基础，那么不仅侍奉亲老能够善始善终，惠人济物也能一视同仁。孝就是效，诚就是成。成就是成就孝道，效就是全力行为。行孝而不尽心尽力，那不是真正的孝；有诚心而不能成就孝道，那也不是真正的诚心。所以圣人所提出的孝，真正的诚心是最重要的。儒家不是说过：君子最重要的就是诚心吗?

评孝章第四

原典

圣人以精神乘变化，而交为人畜，更古今，混然茫乎。而世俗未始自觉，故其视今牛羊，唯恐其是昔之父母精神之所来也，故戒于杀，不使暴一微物，笃于怀亲也。谕今父母，则必于其道，唯恐其更生而陷神乎异类也。故其追父母于既往，则逮乎七世；为父母虑其未然，则逮乎更生。虽谲然骇世，而在道然也。天下苟以其不杀劝，则好生恶杀之训，犹可以移风易俗也。

天下苟以其陷神为父母虑，犹可以广乎孝子慎终追远之心也。况其于变化，而得其实者也。校夫世之谓孝者，局一世而暗玄览[①]，求于人而不求于神。是不为远，而孰为远乎？是不为大，而孰为大乎？经曰："应生孝顺心，爱护一切众生。"斯之谓也。

注释

①**玄览：**深察。

译文

圣人（指佛陀）认为人们做好事或者做坏事，都会对神识有所感应，而现在人类和畜生的区别，则是由于前世神识的感应而形成的。这种轮回，经过生生世世的延续，已很难具体分辨，但世俗之人却不知道这层道理。因此，在圣人看来，现在的牛羊一类的畜生，可能就是过去人们的父母的业报轮回而投胎转世的，所以要求世人戒杀，不伤害任何一种哪怕是最微小的生物，这样做的目的，是表现深切的怀念亲老之情。圣人告诉天下做父母的要按照佛教的要求去做，就是唯恐他们来生变成畜生。所以，要表达对父母的孝心，不能只看今世；

还要追溯到七世以前，考虑到来世的果报。这听起来虽然惊世骇俗，但确实符合事理。天下人如果能够提倡不杀，那么好生恶杀就能够作为典范，促成全社会的移风易俗。

天下人如果都能为父母的来生着想，那么孝子的慎终追远之心，就能够进一步发扬光大。何况，关于精神变化之事，已经得到了验证。世上一般人所体认的孝道，往往局限于当世的耳目所见，而缺乏更深刻的观察，往往只考虑人而不考虑神，相比之下，哪一种孝道更加深远，哪一种孝道更加博大，不是看得很明显了吗？佛经上说："人们有了孝顺之心，就能够爱护一切众生。"讲的就是这个道理。

必孝章第五

原典

圣人之道，以善为用；圣人之善，以孝为端。为善而不先其端，无善也；为道而不在其用，无道也。用所以验道也，端所以行善也。行善，而其善未行乎父母，能溥善乎？验道，而不见其道之溥善，能为道乎？是故圣人之为道也，无所不善；圣人之为善也，未始遗亲。

亲也者，形生之大本也，人道之大恩也。唯大圣人为能重其大本也，报其大恩也。

今夫天下之为道者，孰与于圣人？夫圣人之道大臻，巍巍乎独尊于人天，不可得而生也，不可得而死也。及其应物，示同乎天人，尚必顺乎人道，而不敢忘其母之既死，不敢拒其父之见命。故方其成道之初，而登天，先以其道谕其母氏，三月复归乎世，应命还其故国，示父于道，而其国皆化。逮其丧父也，而圣人躬与诸释，负其棺以趋葬。圣人可谓与人道而大顺也。

今夫方为其徒，于圣人则晚路末学耳，乃欲不务为孝，谓我出家专道，则吾岂敢也，是岂见出家之心乎？夫出家者，将以道而溥善也，溥善而不善其父母，岂曰道耶？不唯不见其心，抑亦孤于圣人之法也。经谓：父母与一生补处菩萨[①]等，故当承事[②]供养。故律教其弟子：得减衣钵之资，而养其父母。父母之正信者，可恣与之；其无信者，可稍与之。有所训也矣。

注释

①**一生补处菩萨：**指只需来人间一次受生即可成佛。如佛陀授记弥勒佛为当来下生佛。

②**承事：**奉行职务，特指吊丧、奉祀之事。

译文

圣人（指佛陀）的学说，是用于行善；圣人所说的行善，把孝道放在首位。行善如果不先做最首要的事，所谓善已毫无意义；一种学说如果不加以运用，它也就毫无价值。运用是为了检验学说的正确与否，把握首要的事，是为了行善的需要。如果行善却没有施及父母，这能算得上普遍行善吗？如果检验一种学说，却发现它无法普遍行善，这种学说还能存在吗？所以圣人的学说要求无所不善，圣人行善绝不漏掉父母。父母是子女生命形成的根本，他们带给子女最大的恩德。只有大圣人才知道重视这个根本，才知道报答父母的大恩大德。

现在天下推行各种学说的人，哪一个能比得上圣人？圣人的学说已达到最高境界，超越了人和天，超越了生和死。但落实到对尘世的感应上，则要与天道和人道保持一致，要符合人之常情，不能忘掉死去的母亲，也不能拒绝父亲的要求。所以圣人初成道的时候，先登天把他的思想告诉母亲，成道三个月后，按照父亲的要求回到故国，向父亲演说自己的思想学说，促进了整个国家的教化。父亲亡故后，圣人亲自率领诸弟子抬着棺材去办理葬事。圣人真可以称得上是最符合人道的了，他的行为是最大的孝顺。

现在的有些出家人，刚刚成为圣人的信徒，在德业上还得不到圣人的一点皮毛，竟然想摒弃孝道。他们振振有词地说："我出了家就应该专门致力于佛道，不敢再想孝道什么的。"他们这些人，哪里懂得出家的本来意思呢？出家就是要用佛道把善加以普遍推广，如果行善却不施及父母，这还能叫推行佛道吗？这种行为，不仅失去了出家的本心，而且也辜负了佛法。佛经上说："父母与一生补处菩萨是一样的，应当尽职尽责地加以供养。"所以佛陀的戒律教诲弟子说："应该减少自己的衣食所需，以供养父母。父母如果正直明信，供养应该听凭所需；如果不是正直明信，也应该实行基本供养。"由此看来，圣人对于行孝是早有教诲的。

广孝章第六

原典

天下以儒为孝，而不以佛为孝。曰：既孝矣，又何以加焉？嘻，是见儒而未见佛也！佛也极焉，以儒守之，以佛广之，以儒人之，以佛神之，孝其至且大矣。水固趋下也，湓而决之，其所至不亦速乎？火固炎上也，嘘而鼓之，其所举不亦远乎？

元德秀，唐之贤人也，丧其母，哀甚，不能自效[①]，刺肌沥血，绘佛之像，书佛之经，而史氏称之。李观，唐之闻人也，居父之忧，刺血写《金刚般若》[②]，布诸其人，以资其父之冥。遽有奇香发其舍，郁然连日，及之其邻。

夫善固有其大者也，固有其小者也。夫道固有其浅者也，固有其奥者也。奥道妙乎死生变化也，大善彻乎天地神明也。佛之善，其大善者乎？佛之道，其奥道者乎？君子必志其大者奥者焉。《语》不曰乎："多闻，择其善者而从之。"[③]

注释

①**不能自效：**形容悲痛难以抑制。《淮南子·修务训》上说："夫歌者，乐之征也；哭者，悲之效也。"

②**《金刚般若》：**《金刚般若波罗蜜经》的简称。此经全称为《能断金刚般若波罗蜜经》，又可简称为《金刚经》。此经最早由鸠摩罗什于弘始四年（公元四〇二年）译出，以后又出现多种译本。此经以一实相之理为体，以无住为宗，以断疑为用，以大乘为教相。卷末有四句偈文："一切有为法，如梦幻泡影，如露亦如电，应作如是观。"被视为一经之精髓。

③语见《论语·述而》。

译文

世上有些人只认为儒家讲孝道，不认为佛家也讲孝道。他们说：儒家的孝道真是达到了无以复加的程度。唉，这是只了解儒家而不了解佛家啊！用儒家思想作为基本的立身之道，用佛家思想来拓宽境界，用儒家思想处理生活中的事，用佛家思想来治理精神，这都是佛教最赞成的，而孝道又是其中最为深至博大的东西。水总是向下流的，如果开挖沟渠加以引导，到达目的地不是更快吗？火总是向上烧的，如果用吹风来帮助它，火苗不是扬得更高吗？

元德秀是唐代的贤人，母亲亡故后，他难以抑制自己的悲痛心情，于是刺破肌肤，用血来描绘佛像，书写佛经，受到写历史的人称赞。李观是唐代的知名人士，他居父丧期间，刺破肌肤，用血书写《金刚般若波罗蜜经》，散发给周围的人，用以福佑父亲在天之灵。写完后，房中突然发生奇香，连日浓郁不散，邻舍都能闻到。

善有大有小，学说有浅有深。深奥的学说能够超妙于死生变化，大善能够通达天地神明。佛家的善，难道不是大善吗？佛家的学说，难道不是深奥的学说吗？君子应该有志于施行大善，掌握深奥的学说。《论语·述而》中不是说过“多多地听，选择其中好的加以接受”的话吗？

戒孝章第七

原典

五戒，始一曰不杀，次二曰不盗，次三曰不邪淫，次四曰不妄言，次五曰不饮酒。夫不杀，仁也；不盗，义也；不邪淫，礼也；不饮酒，智也；不妄言，信也。是五者修，则成其人，显其亲，不亦孝乎？是五者，有一不修，则弃其身，辱其亲，不亦不孝乎？

夫五戒，有孝之蕴，而世俗不睹，忽之而未始谅也。故天下福不臻，而孝不劝也。大戒曰：孝名为戒，盖存乎此也。今夫天下欲福，不若笃孝；笃孝，不若修戒。戒也者，大圣人之正胜法[①]也。以清净意守之，其福若取诸左右也。儒者，其《礼》岂不曰：“我战则克，祭则受福，盖得其道矣。”[②]其《诗》岂不曰：“恺悌君子，求福不回。”[③]是皆言以其正也。夫世之正者犹然，况其出世之正者乎？

注释

①**正胜法：**指释迦牟尼的佛法，以别于外道而言。禅宗以全体佛法为正法。

②此孔子语，见《礼记·礼器》。

③见《诗·大雅·旱麓》。恺悌，乐闲和悦。回，邪。

译文

五戒中，第一是不杀，第二是不盗，第三是不邪淫，第四是不妄言，第五是不饮酒。不杀就是仁，不盗就是义，不邪淫就是礼，不饮酒就是智，不妄言就是信。能够做到五戒，就可以成为人才，荣显双亲，这不就是孝吗？五戒之中，如果有一条做不到，不仅本人没有好结果，而且连累双亲受辱，这不就是不孝吗？

五戒之中，确有孝的意蕴，但世俗之人却看不出来，不愿意加以理解，所以他们求不到福，孝道也得不到鼓励。大戒说：孝就是戒律，也即含有这层意思。现在天下人若想求福，不如全力行孝；全力行孝，不如持戒。戒是大圣人至正美好之法，人们若能以清净意守戒，则福报就像是取自身旁那么容易。儒家的《礼记》中说："懂得礼的人，碰到战事，一定能够得到胜利，祭祀时，一定能够获得福佑，这是因为得到了至道。"《诗经》

中说："乐闲和悦的君子，祭祀时不采用不正当的方法求福。"这些都是说的以正念行事。世俗之人以正念行事尚且能够如此，何况出世之人呢？

孝出章第八

原典

孝出于善，而人皆有善心。不以佛道广之，则为善不大，而为孝小也。佛之为道也，视人之亲，犹己之亲也；卫物之生，犹己之生也。故其为善，则昆虫悉怀，为孝，则鬼神皆劝。

资其孝而处世，则与世和平，而忘忿争也；资其善而出世，则与世大慈而劝其世也。是故君子之务道，不可不辨也；君子之务善，不可无品也。《中庸》曰："苟不至德，至道不凝焉。"如此之谓也。

译文

孝出于善，而人人都有善心。但如果不借助佛道使之发扬光大，那么行善就很难广博，孝道也自然有了局限性。佛道要求对待别人的亲人就像对待自己的亲人一样，保护别的有生命的物类就像保护自己的生命一样。

所以行善之时，即使是昆虫也包含在内，奉行孝道，连鬼神也受到鼓励。

用这种孝道作为处世的标准，就能与世人和平相处，忘掉纷争；用这种善作为指导思想，来做出世的事，就会对世人大慈大悲，达到劝善的目的。因此，君子对于应该奉行什么学说，不能不分辨清楚；君子对于行善这件事，不能不考虑其高下层次的区别。《中庸》中说："假如不是像伟大的圣人那样具有最高的德性，那么最为深至的道理就不会形成。"说的就是这个意思。

德报章第九

原典

养不足以报父母，而圣人以德报之；德不足以达父母，而圣人以道达之。道也者，非世之所谓道也。妙神明，出死生，圣人之至道者也。德也者，非世之所谓德也。备万善，被幽，被明，圣人之至德者也。儒不曰乎："君子之所谓孝者，先意承志，谕父母于道。参直养者也，安能为孝乎？"曰："君子之所谓孝也，国人称愿。然曰：'幸哉，有子如此！'所谓孝也已。"[①]虽然，盖意同，而义异也。

夫天下之报恩者，吾圣人可谓至报恩者也；天下之为孝者，吾圣人可谓纯孝者也。经曰："不如以三尊[②]之教，度其一世二亲。"《书》曰："黍稷非馨，明德惟馨。"不其然哉？不其然哉？吾从圣人之后，而其德不修，其道不明。吾徒负父母，而愧于圣人也夫。

注释

①这两段话都出自《礼记·祭义》。后一段较明确，前一段则必须通观上下文，才能更清楚。文中写道："曾子曰：'孝有三：大孝尊亲，其次弗辱，其下能养。'公明仪问于曾子曰：'夫子可以为孝乎？'曾子曰：'是何言与！是何言与！君子之所为孝者，先意承志，谕父母于道。参直养者也，安能为孝乎？'"

②**三尊：**指三世佛，即现在世的释迦牟尼佛、过去世的迦叶佛、未来世的弥勒佛。

译文

在奉养上无法报答父母，圣人就用德来报答；德仍不足以报答父母，圣人就用道来报答。所谓道，并不是世人通常所说的道，而是圣人的最为深至之道，能够妙于神明，超越死生。所谓德，也不是世人通常所说的德，而是圣人的最为高远之德，能够包容万善，洞彻幽明。

儒家的书中说："君子行孝应该做到这样：父母心中有什么想法，孝子能够揣测出来，并告诉父母怎么样才是正确的。我曾参不过是奉养父母罢了，哪里谈得上真正的孝呢？"又说："君子行孝应该做到这样：由于孝子德行超迈，整个国家的人见了无不称羡道：'父母有了这样的儿子，是多么幸运啊！'这就是孝。"上面这两种情形，是本质相同，做法有异。

如果说到报答父母之恩，普天之下，佛陀应该是最突出的；如果说到对父母的孝道，普天之下，佛陀应该是最讲孝道的。佛经上说："应该信奉佛教，来超度自己的父母。"《尚书》上说："要想得到鬼神的感应，必须用芬芳的香气。这种香气，黍稷发不出来，只有道德明昌才行。"难道不是这样吗？难道不是这样吗？现在的有些佛教徒，想要追随佛陀，但却不修道德，不明白佛道是怎么回事。他们真是辜负了父母的养育，愧对圣人的学说。

孝略章第十

原典

善天下，道为大；显其亲，德为优。告则不得其道德，不告则得道而成德，是故圣人辄遁于山林。逮其以道而返也，德被乎上下，而天下称之，曰：“有子若此！”尊其父母，曰：“大圣人之父母也。”圣人可谓略始而图终，善行权也。古之君子，有所为而如此者，吴泰伯其人也。必大志，可以张大义；必大洁，可以持大正。圣人推胜德于人天，显至正于九向，故圣人之法，不顾乎世嗣。古之君子，有所为而如此者，伯夷、叔齐其人也。

道固尊于人，故道虽在子，而父母可以拜之，《冠义》近之矣。《礼》曰：“已冠而字之，成人之道也。见于母，母拜之。”①俗固本于真，其真已修，则虽僧可以与王侯抗礼也，而武事近之矣。《礼》曰：“介者不拜，为其拜而蓌拜也。”②不拜，重节也。母拜，重礼也。礼节而先王犹重之，大道乌可不重乎？俗曰：圣人无父。固哉！小人之好毁也。彼眊③然而岂见圣人为孝之深渺也哉？

注释

①语见《礼记·冠义》。关于这一点，孔颖达认为由于冠礼是在家庙中举行，要以酒脯为奠。冠礼毕，儿子捧着所奠之酒脯去见母亲，母亲下拜，是拜从尊贵的地方而来的酒脯，而不是拜儿子。见《礼记》孔疏，载《十

三经注疏》。

②语见《礼记·曲礼上》。蔆，蹲。

③**眊：**目不明，引申为昏愦、糊涂。

译文

要想行善天下，最好是让天下人明道；要想荣显双亲，最好是显示出自己美好的德行。但欲求成就道德，就不可能像普通家庭里的人一样，事事禀告双亲，所以圣人经常隐居在山林中修行。待到成就道德，返回世间，整个社会都被他感化，天下人竞相称赞道："能有这样的儿子，真是幸运啊！"天下人都尊敬他的父母，说："这是大圣人的父母。"由此看来，圣人不特别在意俗情，重视的是结果，确实是善于变通。古代的君子，能够像这样做出不平凡业绩的人，吴国的泰伯可算是一个典型。一定要志向远大，才能够弘扬大义；一定要使身心彻底修洁，才能获得天下至正的精神。圣人的追求是把美好的道德推及到人和天，让至正的精神表现于整个宇宙，所以圣人之法不考虑自己的后嗣。古代的君子，能够像这样做出不平凡业绩的人，伯夷和叔齐可算是两个典型。

道德本来就比人的长幼顺序尊贵，所以如果儿子成就了道德，父母也可以对他下拜，这种做法和《冠义》

中的要求相近。《礼记》中说：“人长到二十岁，行过冠礼后，给他的名上加上字，表示他已经成人了。去见母亲，母亲也要下拜。”世人的一切行为都以真谛为根本，如果已经获得了真谛，那么即使是僧人也可以与王侯平起平坐。用军旅之事打个比方吧，《礼记》中说：“将士穿着铠甲时，见到君王不拜，因为甲胄在身，欲拜则如蹲踞，所以不拜。”不拜君王，是因为重视这一仪式，因而不肯随便下拜。母亲对儿子下拜，也是因为重视礼。以前贤明的君王都这么重视礼节，怎么能看轻高深的道德呢？有人说：圣人离弃父母修道。小人为此诽谤，是多么鄙陋啊！这些人昏愦糊涂，哪里知道圣人的孝道是多么深渺啊！

孝行章第十一

原典

道纪[①]事其母也，母游必以身荷之。或与之助，而道纪必曰：“吾母，非君母也，其形骸之累，乃吾事也，乌可以劳君耶？”是可谓笃于亲也。惠能[②]始鬻薪以养其母，将从师，患无以为母储，殆欲为佣以取资。及还，而其母已殂，慨不得以道见之，遂寺其家以善之，终亦归死于是也。故曰，叶落归根。能公，至人也，岂测其异德?犹示人而不忘其本也。

道丕[3]，会其世之乱，乃负母逃于华阴山中，丐食以为养。父死于事，而丕往求其遗骸。既至，而乱骨不辨。道丕即祝之，遽有髑髅跃至其前，盖其父之骸也。道丕可谓全孝也。智藏[4]，古僧之劲直者也，事师恭于事父。师没，则心丧[5]三年也。常超事师中礼，及其没也，奉之如存。故燕人美其孝悌焉。

故律制：佛子必减其衣盂之资，以养父母也。以此诸公，不遗其亲，于圣人之意得之矣。智藏、常超谨于奉师，盖亦合于其起教之大戒者也，可法也矣。

注释

①**道纪：**生卒年不详，北齐僧人。精于《成实论》，住邺下讲授三十余年。周武帝灭齐，毁灭佛法，道纪乃不知所终。

②**惠能：**（公元六三八—七一三年），一作慧能。俗姓卢，新州（今广东新兴）人。高宗咸亨间入黄梅东禅寺，参禅宗五祖弘忍，由于所作禅偈受到赏识，得法衣。后归住韶州宝林寺，为众说法三十年，影响遍于南方。卒后，宪宗赐号大鉴禅师。惠能为南宗禅之创始者，倡导

"直指人心，见性成佛"之顿悟法门，后人尊其为禅宗六祖。门人辑其语录为《六祖法宝坛经》。

③**道丕：**（公元八八九—九五五年），俗姓李，长安（今陕西西安）人。七岁时即随继能法师学佛，九岁即善梵音礼赞。二十七岁时，住洛阳福先弥勒院。历梁、后唐、晋，经常应制谈论，并任左街僧录。同时百官士庶，都对他深加礼敬。道丕负母避乱及求父遗骸事，见《宋高僧传》卷十七《周洛京福先寺道丕传》。

④**智藏：**（公元四五八—五二二年），南朝齐、梁间僧人。俗姓顾，名净藏，吴(今江苏苏州)人。十六岁时，代宋明帝刘彧出家。先后师事名僧僧远、僧祐等，精通佛典与戒律。精于《成实论》，是当时成实宗的代表人物。入梁，深为梁武帝萧衍所信崇。与僧旻、法云并称"梁代三大法师"。著有《成实论义疏》等。

⑤**心丧：**古时师死，弟子守丧，不穿丧服，只在心中悼念，称为心丧。《史记·孔子世家》："孔子葬鲁城北泗上，弟子皆服三年。三年心丧毕，相诀而去。"

译文

道纪是这样侍奉母亲的：每当母亲出门时，总是背着她走。碰到有人想帮助他时，道纪总是说："这是我的母亲，不是您的母亲，背她走路，是我分内的事，怎么可以有劳您呢？”这种行为，真可谓是全心全意侍奉双亲。没有出家时，惠能靠砍柴养活母亲。后来将要跟随师父修行，担心母亲缺乏供给，于是就想给人家做佣工，挣些钱给母亲过日子。等到学成归来时，母亲已经逝世了。他感慨母亲未能见到他所学之道，于是就把自己的家改建成寺庙，做善事超度母亲的亡灵。最终，他也死在这里。所以说，他是叶落归根。惠能是获得至道的人，他的奇异的德行是凡人无法得知的，但他却仍然能够做到不忘本。

当世道大乱的时候，道丕背着母亲逃到华阴山中，向人讨饭来供养母亲。父亲死于战乱中，道丕前去寻找遗骸。到了地方，但见遍地乱骨，分不清哪是父亲的遗骸。道丕当时就对天祝告，语音未落，一具髑髅已跳到他身旁，那就是他父亲的遗骸。道丕这位僧人真可以称得上是全孝了。智藏是古代一位坚毅正直的僧人，他侍奉师父比侍奉父亲还恭敬。师父死后，他在心里守丧三年。常超的师父叫中礼，中礼死后，常超的恭敬之心不变，一举一动就像师父还活着一样。燕地的人无不赞美他的孝悌。

因此，律条中规定：需要的时候，僧人必须减少自己的衣食之资，以供养父母。从这一点来看，上述诸公能够不忘自己的双亲，做到了圣人提出的要求。智藏、常超二位僧人恭谨地侍奉师父，也符合扶持教义的大戒，应该加以提倡。

终孝章第十二

原典

父母之丧亦哀，缞绖[①]则非其所宜。以僧，服大布可也。凡处，必与俗之子异位；过敛，则以时往其家；送葬，或扶或导。三年必心丧，静居，修我法，赞父母之冥。过丧期，唯父母忌日，孟秋之既望，必营斋，讲诵如兰盆法[②]，是可谓孝之终也。

昔者天竺[③]之古皇先生，居父之丧，则肃容立其丧之前，如以心丧，而略其哭踊也，大圣人也夫！及其送之，或舁或导，大圣人也夫！目犍连[④]丧母，哭之恸，致馈于鬼神。目犍连，亦圣人也，尚不能泯情，吾徒其欲无情耶？故佛子在父母之丧，哀慕可如目犍连也，心丧可酌大圣人也。居师之丧，必如丧其父母。而十师之丧期，则有隆杀也。唯禀法得戒之师，心丧三年可也。

法云[⑤]在父母之忧，哀慕殊胜，饮食不入口累日。法云，古之高僧也。慧约[⑥]殆至人乎？其父母垂死，与诀，皆号泣，若不能自存。然丧制哭泣，虽我教略之，盖欲其泯爱恶，而趋清净也。苟爱恶未忘，游心于物，临丧而弗哀，亦人之安忍也？故泥洹⑦之时，其众抚膺大叫，而血现若波罗奢华⑧，盖其不忍也。律宗曰："不展哀苦者，亦道俗之同耻也。"吾徒临丧，可不哀乎？

注释

①**缞绖**：缞是古时的丧服，用粗麻布缝成，披于胸前。绖是古代丧服中的麻带。缞绖指正规的丧服。

②每年七月十五日（即孟秋的望日），汉语系佛教地区要举行超度历代宗亲的仪式，这一仪式叫盂兰盆会。据《佛说盂兰盆经》所言，目连以天眼看见他的亡母生饿鬼道受苦，得不到救拔，因而去告诉佛陀。佛陀为他说救济之法，即在七月十五日为七世父母及现在父母在厄难中者，集百味饭食置于盂兰盆中，供养十方众僧。这样，七世父母即得离饿鬼之苦，生于人天中，享受福乐。后世佛教徒常于此日广设供果，以度地狱鬼亲。盂兰盆是佛教术语，意思是解救倒悬之苦。

③**天竺**：古印度。

④**目犍连**：释迦牟尼十大弟子之一，或作大目犍连，简称目连。他是古印度摩揭陀国王舍城郊人，属婆

罗门种姓。初与好友舍利弗同师“六师外道”，皈依释迦牟尼后，侍于佛左侧。相传他神通广大，能飞上兜率天，故称为“神通第一”。目连哭母事，见《盂兰盆经》。

⑤**法云：**（公元四六七—五二九年），南朝齐、梁间僧人。俗姓周，阳羡（今江苏宜兴）人。七岁出家，十三岁受业，三十岁开讲于建康光宅寺。梁武帝时备受礼遇。曾任大僧正，又被梁武帝礼为家僧。与智藏、僧旻并称“梁代三大法师”。著有《成实论义疏》等。法云居父母之忧事，见《续高僧传》卷五，载大正五十·页四六四。

⑥**慧约：**（公元四五二—五三五年），南北朝僧人。俗姓娄，东阳（今浙江金华）人。十七岁出家于上虞东山寺，善讲《维摩》《法华》等经。梁武帝慕其名，于佛浴日请其授菩萨戒，并尊其为国师。慧约哀悼父母事，见《续高僧传》卷六，载大正五十·页四六九。

⑦**泥洹：**涅槃。

⑧**波罗奢华：**梵语，即赤花树。

译文

僧人的父母死后，举丧时，也应该悲伤，但不必穿正规的丧服。作为僧人，穿一件用粗布制成的丧服也就行了。治丧期间，不要和世俗之人处在同一位置上；入殓过后，应按时回家探望；送葬时，可以在一旁扶着灵柩，也可以在前面导引。父母亡后三年，虽不必穿着丧服守丧，但应该在心里守丧，静修佛法，以超度父母的亡灵。三年守丧期满后，到了每年父母的忌日和孟秋的望日，一定要设斋供众，讲诵《盂兰盆》法，这就是孝的最终表现。

过去天竺国有位古皇先生，他居父丧时，整肃容颜站在父亲灵位前，和在心中守丧表现出一样的感情，而并不用哭天抢地来表达孝道，这真是大圣人啊！到了送葬的时候，他时而抬着灵柩，时而走在灵柩的前面，这真是大圣人啊！目犍连的母亲死后，他哭得非常伤心，聚集饭食，致馈鬼神。目犍连是一个圣人，他尚且不能泯没感情，我们这些佛教徒难道非要无情吗？因此，佛教徒在父母丧葬期间，可以像目犍连那样表现出哀慕之情，也可以按照大圣人的榜样，在心里守丧。居师父之丧，应该和居父母之丧一样。如果有许多位师父，则应有厚薄的不同。其中，对于给自己传法施戒的师父，应该在心里守丧三年。

法云在守父母之丧期间，哀伤极深，思念至极，一连好几天，饮食不入于口。法云，人们公认他是古时的高僧。慧约大概可以称得上是至人了吧？他父母临终时，与他诀别，三个人一起悲泣，无法抑制感情的流露。守丧时哭泣，是佛教不提倡的，因为佛教希望人们能泯除爱恶之心，趋于清净之境。但假如人们未能泯除爱恶，仍然超越不了客观世界，那么，在丧事期间发乎人情的悲哀，勉强加以压制，作为一个人，又怎能忍心呢？所以佛祖涅槃之时，众弟子捶着胸脯悲号，血光中好像出现了波罗奢华，这就是不忍之心的感应。律宗说："不表现哀苦之心，僧俗之人应同样引以为耻。"那么，佛教徒临丧之时，怎能不从心底表现出哀苦呢？

《坛经》赞

原典

《坛经》[1]赞[2]

（称经者，自后人尊其法，而非六祖之意也。今从其旧，不敢改易，亦可谓经。则论在其本经下卷之末。[3]）

赞者，告也，发经而溥告也。《坛经》者，至人之所以宣其心也。何心耶？佛所传之妙心也。大哉心乎！资始变化，而清净常若。凡然，圣然，幽然，显然，无所处而不自得之。圣言乎明，凡言乎昧。昧也者，变也；

明也者，复也。变复虽殊，而妙心一也。

始释迦文佛以是而传之大龟氏，大龟氏相传之三十三世[④]者，传诸大鉴（六祖谥号大鉴禅师），大鉴传之，而益传也。说之者抑亦多端，固有名同而实异者也；固有义多而心一者也。曰血肉心[⑤]者，曰缘虑心[⑥]者，曰集起心[⑦]者，曰坚实心[⑧]者，若心所之心，益多也，是所谓名同而实异者也。曰真如心[⑨]者，曰生灭心[⑩]者，曰烦恼心[⑪]者，曰菩提心[⑫]者，修多罗其类此者，殆不可胜数，是所谓义多而心一者也。义有觉义，有不觉义；心有真心，有妄心，皆所以别其正心也。方《坛经》之所谓心者，亦义之觉义，心之实心也。

昔者圣人之将隐也，乃命乎龟氏教外以传法之要。意其人，滞迹而忘返，固欲后世者提本而正末也。故《涅槃》[⑬]曰"我有无上正法，悉已付嘱摩诃迦叶"矣。天之道存乎易，地之道存乎简[⑭]，圣人之道存乎要。要也者，至妙之谓也。圣人之道以要，则为法界门之枢机[⑮]，为无量义之所会，为大乘之椎轮[⑯]。《法华》[⑰]岂不曰："当知是妙法，诸佛之秘要。"《华严》[⑱]岂不曰："以少方便，疾成菩提。"要乎，其于圣人之道，利而大矣哉。是故《坛经》之宗，尊其心要也。

心乎，若明若冥，若空若灵，若寂若惺。有物乎？无物乎？谓之一物，固弥于万物；谓之万物，固统于一物。一物，犹万物也；万物，犹一物也。此谓可思议也，及其不可思也不可议也，天下谓之玄解，谓之神会，谓之绝待[19]，谓之默体，谓之冥通。

一皆离之遣之，遣之又遣，亦乌能至之？微其果然独得，与夫至人之相似者，孰能谅乎？推而广之，则无往不可也；探而裁之，则无所不当也。施于证性，则所见至亲；施于修心，则所诣至正；施于崇德辩惑，则真妄易显；施于出世，则佛道速成；施于救世，则尘劳易歇，此《坛经》之宗所以旁行天下而不厌。彼谓即心即佛浅者，何其不知量也！以折锥探地[20]而浅地，以屋漏窥天而小天，岂天地之然耶？然百家者，虽苟胜之，弗如也。而至人通而贯之，合乎群经，断可见矣。至人变而通之，非预名字，不可测也。

故其显说之，有伦有义；密说之，无首无尾。天机利者得其深，天机钝者得其浅。可拟乎？可议乎？不得已况之，则圆顿教[21]也，最上乘也，如来之清净禅也，菩萨藏之正宗也。论者谓之玄学，不亦详乎？天下谓之宗门，不亦宜乎？

《坛经》曰“定慧为本”[22]者，趋道之始也。定也者，静也；慧也者，明也。明以观之，静以安之。安其心，可以体心也；观其道，可以语道也。一行三昧[23]者，法界一相之谓也。谓万善虽殊，皆正于一行者也。无相为体[24]者，尊大戒也；无念为宗[25]者，尊大定也；无住为本[26]者，尊大慧也。夫戒、定、慧者，三乘[27]之达道也。夫妙心者，戒、定、慧之大资也。以一妙心而统乎三法，故曰大也。无相戒[28]者，戒其必正觉也。四弘愿[29]者，愿度，度苦也；愿断，断集也；愿学，学道也；愿成，成寂灭也。灭无所灭，故无所不断也；道无所道，故无所不度也。无相忏[30]者，忏非所忏也；三归戒[31]者，归其一也。一也者，三宝之所以出也。说摩诃般若[32]者，谓其心之至中也。般若也者，圣人之方便也，圣人之大智也，固能寂之明之，权之实之。

天下以其寂，可以泯众恶也；天下以其明，可以集众善也；天下以其权，可以大有为也；天下以其实，可以大无为也。至矣哉，般若也！圣人之道，非夫般若不明也，不成也；天下之务，非夫般若不宜也，不当也。至人之为以般若振，不亦远乎？我法为上上根人说者，宜之也。轻物重用则不胜，大方小授则过也。从来默传分付者，密说之谓也。密也者，非不言而暗证也，真而密之也。不解此法，而辄谤毁，谓百劫千生断佛种性者，防天下亡其心也。

注释

①**《坛经》：** 也叫《六祖大师法宝坛经》《六祖坛

经》。禅宗六祖惠能讲说，弟子法海集录。记载惠能一生得法传宗的事迹和启导门徒的言教，中心思想是“见性成佛”，主张顿悟，提倡修行不离世间。《坛经》的版本较多，一九八三年，中华书局出版郭朋的《坛经校释》，参校诸本，较为完善。

②**赞：**文体的一种，以赞美为主。

③今存《坛经》，都是一卷本。胡适在《坛经考之一》一文中曾说契嵩所刻《坛经》为三卷本，对此，郭朋指出：“胡氏此说，乃是根据宋郎简《六祖坛经序》里所说的‘更二载，嵩果得曹溪古本，校之，勒成三卷’而言。但现存的契嵩本《坛经》，只有一卷，‘三卷本’的契嵩本《坛经》，人们没有见过，恐怕连胡适本人也不曾见过。”（郭朋《坛经校释·序言》，中华书局一九八三年版，第十页）但从契嵩这句话来看，该本最初或许就是三卷。

④契嵩曾著《传法正宗定祖图》《传法正宗记》《传法正宗论》，厘定禅宗西天二十八祖。第二十八祖达磨为东土初祖，传至惠能，共计六世。如果把禅宗的西天世系和东土世系合并起来，则传至惠能，正好三十三世。

⑤**血肉心：**也叫肉团心，即通常所说的心脏。

⑥**缘虑心：**也叫虑知心、了别心，大致上等于意识。

⑦**集起心：**此心能会集诸法，生成新法，所以叫集

起。

⑧**坚实心**：也叫自性清净心、如来藏心，即坚固真实、不生不灭之心。

⑨**真如心**：脱离一切俗累的自由之心。

⑩**生灭心**：无常心。佛教认为世间无常，有生必有灭，一切事物都处于变化的过程中。

⑪**烦恼心**：使众生产生迷惑、苦恼的思想活动。

⑫**菩提心**：佛心，求觉悟的心。菩提指断绝世俗烦恼而获得解脱的智慧。

⑬**《涅槃》**：《涅槃经》，也叫《大般涅槃经》，北凉昙无谶译，计四十卷，分为十三品。内容是说佛陀临涅槃时向大众说法，阐述佛身常住不灭以及常、乐、我、净之义，阐述众生皆有佛性之旨，被列为大乘五大部经之一。引语见该经卷二。

⑭这二句出自《周易·系辞上》，原文是："乾以易知，坤以简能。易则易知，简则易从。易知则有亲，易从则有功。有亲则可久，有功则可大。可久则贤人之德，可大则贤人之业。易简，而天下之理得矣。天下之理得，而成位乎其中矣。"

⑮**枢机**：枢为户枢，机为门阃，枢主开，机主闭，枢机并言，比喻事物的关键部位。

⑯**椎轮**：原始的无辐车轮，比喻事物的草创。

⑰**《法华》**：《法华经》，也叫《妙法莲华经》。后秦鸠摩罗什译，共七卷，二十八品。其要旨在于说明三乘方便，一乘真实，指归净土，宣扬济世，是集大乘思想之大成的著作。引文见该经卷一。

⑱**《华严》**：《华严经》，全称为《大方广佛华严经》。东晋佛驮跋陀罗译，计六十卷。相传是佛成道后在菩提场等处，借普贤、文殊诸大菩萨显示佛陀因行果德如杂华庄严，广大圆满，无尽无碍妙旨的佛典，系佛教华严宗的圣典。

⑲**绝待**：无待。在《逍遥游》中，庄子认为，能够飞上九万里的大鹏和能够御风而行的列子，仍然是有所依傍的，因而是有待。只有那些能够“乘天地之正而御六气之辩，以游无穷者”，才是无所依傍，才是自由的境界，因而可叫作无待。

⑳**折锥探地**：语出《庄子·秋水》：“是直用管窥天，用锥指地，不亦小乎！”用锥探地，当然难测地之浅深，比喻见识浅小。

㉑**圆顿教**：天台宗的教法。所谓圆顿，言诸法本圆融，所以，一法圆满一切法。一念开悟，顿成佛果。这就是圆顿的意思。

㉒**定慧为本**：见于郭朋《坛经校释》本第二十六页。文中说：“我此法门，以定惠（慧）为本。”

㉓一行三昧：《坛经》中曾辟专节讨论“一行三昧”。郭朋解释说：“一行三昧的传统意义是专于一行，修习正定。”但惠能的理解，有了自己的发展。契嵩以“法界一相”进行解释。“法界一相”，就是观宇宙万有举体皆是真如之相。因此，“一行三昧”，就是观察法界。契嵩的解释能得其真谛。见其《坛经校释》第二十八—二十九页。

㉔无相为体：《坛经》中所提出的一个概念。什么叫无相？无相就是“于相而离相”。郭朋解释道：相指事相，离指不计较，不执着。即尽管见色、闻声、觉触、知法，但由于不计较，不执着，所以能够无动于心。见其《坛经校释》第三十三页。

㉕无念为宗：《坛经》中所提出的一个概念。什么叫无念？无念就是“于念而不念”。郭朋解释“于念而不念”就是在体念“真如本性”的正念上，远离杂念、妄念。无念并不是什么都不想，而是排除杂念、妄念。念并不是通常意义上的思维活动，而是一种直觉的内省、冥想。见其《坛经校释》第三十三页。

㉖无住为本：《坛经》中所提出的一个概念。什么叫无住？按《坛经》的解释，就是“为人本性，念念不住”。本性有两层意思：一是人的世俗本性；二是人的本有佛性。不住也有两层意思：一是说人的世俗本性原是迁流

不息、生灭无常的；二是说人的本有佛性是无着、无缚的。见郭朋《坛经校释》第三十三页。

㉗**三乘**：声闻乘、缘觉乘、菩萨乘。

㉘**无相戒**：这是《坛经》中不止一次提到的概念，意思是无相之戒，即教人要离相，不要着相。这一提法，体现了惠能“教外别传”的思想。见郭朋《坛经校释》第三页。

㉙**四弘愿**：《坛经》中记载了惠能所发的四弘大愿，原文是“众生无边誓愿度，烦恼无尽誓愿断，法门无量誓愿学，佛道无上誓愿成”。能够发此四弘愿的，就是菩萨。

㉚**无相忏**：无相之忏。所谓忏，就是对过去的一切恶业，悉皆尽忏，永不再生。但按通常说法，既然有罪可忏，就是有相，而非无相。这里，也体现了惠能的“教外别传”思想。见郭朋《坛经校释》第四十六页。

㉛**三归戒**：《坛经》中所说的“无相三归依戒”。三归依，就是归依佛、法、僧。郭朋认为“三归戒”的提法于义欠通，见其《坛经校释》第四十七页。

㉜**般若**：智慧。

译文

（把《坛经》称为经，并不是六祖惠能本人的意思，而是后人由于尊崇六祖的佛法，才这样叫的。现在仍然遵从以往的通例，不敢改易，也把它叫作“经”。把《坛经》叫作“经”的文字见于该书卷下的最后部分。）

赞就是告，就是阐发经义而让世人普遍周知。《坛经》是至人用来说明自性本心的一本书。什么心？就是佛陀所传下来的妙心。多么博大的心啊！它的外在表现变化无穷，而本身却是清净常若。无论是凡是圣，在幽在明，只要保有此心，不管处在什么位置都能适得其所。圣人明达，凡人昏昧。昏昧就是变，明达就是复。变和复虽然不同，但都可以拥有妙心。

最初，释迦牟尼佛把妙心传给大迦叶，大迦叶接着往下传，传到第三十三世，传给了大鉴禅师（六祖的谥号是大鉴禅师），大鉴禅师再接着往下传，就传得更加广泛了。对于“心”，后世有着各种不同的解说。有的虽然名称相同，但各有各的意思；有的虽然意思不同，但又都能叫作心。像血肉心、缘虑心、集起心、坚实心之类的心，还有很多，都是名称相同（都叫心），而意思上却大不一样。在修多罗藏中，与真如心、生灭心、烦恼心、菩提心之类的心相似者，不可胜数，它们的意思并不相同，但却都可以称为心。外在表现有的是自觉的，有的是不自觉的；心则有真心和妄心的区别，但不管是真心，还是妄心，都有别于正心。《坛经》中所说的心，在表达上有着自觉性，指的是实心。

过去佛陀将入灭的时候，把教外传法的要义托付给大迦叶，这是唯恐后世一味拘泥于外在表现而不知回头，希望后世能够掌握根本，端正末节。所以《涅槃经》中说：“我有无上妙法，都已传给摩诃迦叶了。”天的规律表现为平易，地的规律表现为简略，圣人的学说则集中在其要义上。要义就是至妙。掌握了圣人学说的要义，就能掌握法界之门的枢机，就能会通无量佛的义旨，就能开始走向大乘的境界。《法华经》中说：“应该知道这个妙法是成佛的秘要。”《华严经》中也说：“用这一点方便之法，一下子就能成就菩提。”领会了要义，对于掌握圣人之道来说，真是便利太大了。因此，《坛经》的宗旨，就是推尊心的要义。

这种心啊！又像明亮，又像深幽；又像无知，又像含灵；又像虚静，又像警醒。心中是有物，还是无物？说心是一物构成，它却能包容万物；说心含括了万物，它又可统一为一物。其实，从本质上说，一物就是万物，万物就是一物。这还只是就思虑可及、言辞可达之处而言的，至于思虑不及、语言也无法表达之处，就比较难说了。可以把它叫作玄妙的洞察，心神的领会，无待的境界，无言的体认和冥冥中的相通。

有些人虽然刻意追求，但却无法得到此心。有些人虽然领略了此心的精微，达到了至人的境界，却是一般人无法体会的。获得了妙心，就可以将其推广到一切地方，可以对万事万物做出正确评判。用它来证入本性，可以看得清清楚楚；用它来修心，可以保证至正无邪；用它来显扬美德，辨明惑妄，什么是好的，什么是坏的，很容易就能看出来；用它来指导出世修行，可以帮助加速成就佛道；用它来挽救世运的衰颓，一切争斗纷扰也容易消歇。这就是《坛经》所宣扬的禅宗能够流行天下、不断得到发展的原因。那些对“即心即佛”的理论加以非议，认为它浅薄的人，是多么不自量力啊！用锥子探地而认为地浅，从房屋的漏洞中看天而认为天小，其实，哪里真的是地浅天小呢？诸子百家的学说虽然也许在某些方面强些，但从整体上看，却比不上佛道。因为至人能够贯通各种理论，这一点，倘把各种佛经作为一个整体，就能看得很清楚。但至人虽善加变通，人们若不去了解其特定的概念，也还是不明究竟。

因此，对于禅宗来说，若是明白地加以解说，就有条有理，意思清楚；若是隐晦地进行阐述，则往往无头无尾，不同于一般的语序。资质好的人能够理解得深，资质差的人则理解得浅。它可以量度吗？可以猜测吗？在不得已的情况下，打个比方，可以称它为圆顿教，称它为最上乘的佛道，称它为如来的清净禅，称它为菩萨藏的正宗。有的学者把它叫作玄学，考虑还是比较周到的；天下人把它叫作正宗的法门，的确是非常恰当的。

《坛经》中说“定慧为本”，这一点是成就佛道的开始。定就是静，慧就是明。明是为了观道，静是为了安心。只有安了心，才能够体认心；只有把道观察清楚了，才能够谈论什么是道。一行三昧，指的是法界一相。意思是说各种善虽然有区别，但都归正于一行之中。无相为体，就是推尊大戒；无念为宗，就是推尊大定；无住为本，就是推尊大慧。戒、定、慧是达到三乘的最便利的途径，而妙心又是戒、定、慧的根本。以一颗妙心而能统摄这三法，所以说它博大。无相戒，是要求皈依正念，觉悟佛道。所谓四弘愿：一是愿度，即发愿度尽众生脱离苦海；二是愿断，即发愿断尽一切烦恼；三是愿学，即发愿学习无量法门；四是愿成，即发愿成就无上佛道。到了灭无所灭的境界，所以就能无所不断；到了道无所道的境界，所以就能无所不度。所谓无相忏，本质上并不是指自身的忏悔；所谓三归戒，是指皈依于一。一就是佛，佛、法、僧这三宝，佛是最首要的。解说摩诃般若，就是解说心中至正的东西。所谓般若，就是圣人谕道的巧妙方法。圣人具有大智慧，能够把寂、明、权、实之法推行于世。

世人行其寂，可以泯灭众恶；世人行其明，可以聚集众善；世人行其权，可以做到大有为；世人行其实，可以做到大无为。般若的效用，真是没有任何东西可比啊！只有掌握了般若，才能明白圣人之道和成就圣人之道，才能懂得天下的事情应该怎么样做才对。至人借助般若来传播佛法，不是能把佛法传得更远吗？禅宗的心法，只有禀赋最佳的人，才能透彻理解。本来不该重用的东西，却硬是要重用，它本身便经受不起；明明是大道理，却当成小道理来对待，那是不应该的。禅宗传法从来都是默传吩咐，默传吩咐就是密说。密并不是一言不发，默默印证，而是获得真谛，密藏于心。有些人不能理解这种心法，动不动就加以毁谤，认为经过百劫千世，佛性也会不同。现在指出这一点，就是防止世人失去自己的本心。

原典

伟乎，《坛经》之作也！其本正，其迹效，其因真，其果不谬。前圣也，后圣也，如此起之，如此示之，如此复之。浩然沛乎，若大川之注也，若虚空之通也，若日月之明也，若形影之无碍也，若鸿渐[①]之有序也。妙而得之之谓本，推而用之之谓迹。以其非始者，始之之谓因；以其非成者，成之之谓果。果不异乎因，谓之正果也；因不异乎果，谓之正因也。迹必顾乎本，谓之大用也；本必顾乎迹，谓之大乘也。乘也者，圣人之喻道也；用也者，圣人之起教也。

夫圣人之道，莫至乎心；圣人之教，莫至乎修。调神入道，莫至乎一相止观；轨善成德，莫至乎一行三昧。资一切戒，莫至乎无相；正一切定，莫至乎无念；通一切智，莫至乎无住。生善灭恶，莫至乎无相戒；笃道推德，莫至乎四弘愿。善观过，莫至乎无相忏；正所趣，莫至乎三归戒。正大体，裁大用，莫至乎大般若；发大信，务大道，莫至乎大志。天下之穷理尽性，莫至乎默传；欲心无过，莫善乎不谤。定慧为始，道之基也；一行三昧，德之端也。

无念之宗，解脱之谓也；无住之本，般若之谓也；无相之体，法身之谓也。无相戒，戒之最也；四弘愿，愿之极也；无相忏，忏之至也；三归戒，真所归也。摩诃智慧，圣凡之大范也；为上上根人说，直说也。默传，传之至也；戒谤，戒之当也。

夫妙心者，非修所成也，非证所明也，本成也，本明也。以迷明者复明，所以证也；以背成者复成，所以修也。以非修而修之，故曰正修也；以非明而明之，故曰正证也。至人暗然，不见其威仪，而成德为行，蔼如也。至人颓然，若无所持，而道显于天下也。盖以正修而修之也，以正证而证之也。于此，乃曰罔修罔证，罔因罔果，穿凿丛脞[②]，竞为其说，缪乎至人之意焉！噫！放戒、定、慧，而必趋乎混茫之空，则吾末如之何也！甚乎，舍识溺心而浮识，识与业相乘，循诸向而未始息也！

象之形之，人与物偕生。纷然乎天地之间，可胜数耶？得其形于人者，固万万之一耳。人而能觉，几其鲜矣。圣人怀此，虽以多义发之，而天下犹有所不明者也；圣人救此，虽以多方治之，而天下犹有所不醒者也。贤者以智乱，不肖者以愚壅，平平之人以无记惛。及其感物而发，喜之，怒之，哀之，乐之，益蔽者万端，暧然若夜行，而不知所至。

其承于圣人之言，则计之，卜之，若蒙雾而望远。谓有也，谓无也；谓非有也，谓非无也；谓亦有也，谓亦无也。以不见而却蔽，固终身而不得其审焉。海所以在水也，鱼龙死生在海，而不见乎水；道所以在心也，其人终日说道，而不见乎心。悲夫！心固微妙幽远，难明难凑其如此也矣。圣人既隐，天下百世，虽以书传，而莫得其明验，故《坛经》之宗举，乃直示其心，而天下方知即正乎性命也。若排云雾而顿见太清，若登泰山而所视廓如也。王氏以方乎世书曰：“齐一变，至于鲁；鲁一变，至于道。”[③]斯言近之矣。

《涅槃》曰“始从鹿野苑[④]，终至跋提河[⑤]，中间五十年，未曾说一字”者，示法非文字也，防以文字，而求其所谓也。曰依法不依人者，以法真而人假也；曰依义不依语者，以义实而语假也；曰依智不依识者，以智至而识妄也；曰依了义经，不依不了义经者，以了义经尽理也。而菩萨所谓，即是宣说大涅槃者，谓自说与经同也。

圣人所谓四人出世（即四依[⑥]也），护持正法，应当证知者。应当证知，故至人推本以正其末也。自说与经同，故至人说经如经也。依义，依了义经，故至人显说而合义也，合经也。依法，依智，故至人密说，变之，通之，而不苟滞也。示法非文字，故至人之宗尚乎默传也。圣人如春，淘淘而发之也；至人如秋，濯濯而成之也。圣人命之，而至人效之也。至人，固圣人之门之奇德殊勋大也。

夫至人[⑦]者，始起于微，自谓不识世俗文字。及其成至也，方一席之说，而显道救世，与乎大圣人之云为者，若合符契也。固其玄德上智，生而知之，将自表其法，而示其不识乎？死殆四百年，法流四海而不息。帝王者，圣贤者，更三十世，求其道而益敬。非至乎大圣人之所至，天且厌之久矣，乌能若此也？予固岂尽其道，幸蚊虻饮海，亦预其味，敢稽首布之，以遗后学者也。

注释

①**鸿渐**：出自《易·渐》："初六鸿渐于干，六二于磐，九三于陆，六四于木，九五于陵，皆以次而进，渐至高位。"意思是飞鸿渐进于高位。

②**丛脞**：原意是汇聚小事，引申为细碎。

③语见《论语·雍也》。

④**鹿野苑**：佛陀初转法轮处。

⑤**跋提河**：佛陀涅槃处。

⑥**四依**：这里指人四依，即如来使者于末世弘经，人天之中，依止者四人。前面所谓"依法不依人"等，称为法四依。

⑦**至人**：这里指惠能。

译文

《坛经》的问世，是多么伟大的一件事啊！它的根本端正，它的表现方式有效验，它的因真纯，它的果正确。不管前代圣人，还是后代圣人，都是这样建立学说，晓谕世人，反省心性。《坛经》所阐述的学说，就像长江大河奔腾而下的气势，就像天空中畅行无阻的通道，就像太阳和月亮放射的光辉，就像形影相随的自然无碍，就像飞鸿渐进于高位那样井然有序。得到了它的最微妙的东西，就是得到了根本，将这个根本推广开来的过程，就是它的表现方式。根本需要自证，不能指望别人来代替。这样，自证的开始就叫作因，自证的成功就叫作果。因正，果必然正；果正，因也必然正。表现方式能够为根本彰显，这就叫作大用；根本能够借助表现方式得到恰当说明，这就叫作大乘。乘是圣人对道所作的比喻，用是圣人立教的用意。

圣人之道，心性最重要；圣人之教，修行最重要。调节心神，入于正道，最关键的是要做到一相止观；奉行善事，成就美德，最关键的是要做到一行三昧。相资成戒，以无相为本；志诚正定，以无念为本；会通众智，以无住为本。萌生善心，摒弃恶行，最好的方法是无相戒；笃重妙道，推崇美德，最好的方法是四弘愿。善于发现过失，要靠无相忏；端正旨趣，要靠三归戒。只有达到大般若的境界，才能端正大体，明辨大用；只有立下崇高的志向，才能够发大愿心，从事大道。普天之下，对于所有的学说，穷理尽性的最佳方式在于无言相传，而如果希望心性无过，则必须做到不事毁谤。把定和慧作为修行的开始，也就是悟道的基础，而一行三昧则是成就道德的开始。

以无念为宗，讲的是解脱；以无住为本，讲的是般若；以无相为体，讲的是法身。无相戒是最高的戒，四弘愿是最大的愿，无相忏是最真的忏，三归戒是真极的皈依。摩诃智慧，是圣人和凡人的最高典范，而为禀赋最佳的人说摩诃智慧，可以单刀直入。以无言的方式传道，是最好的方式；戒除毁谤，是戒中应该持守的。

妙心不靠修行而成，不靠印证而明，因为它本来就存在，本来就光明。由于心受到了迷惑，所以要靠印证，使它复明；由于心背离了本来，所以要靠修行，使它复成。不用通常修行的方法来修行，所以叫正修；不用通常明心的方法来明心，所以叫正证。至人不事声张，不显威仪，一片冲和，而在这种状态下，就能成就道德，并广泛推行；至人平平常常，好像并未持有什么特殊的东西，但却能让天下人信奉其学说。这没有别的原因，就是由于至人的修行是正修，至人的印证是正证。有些人不了解这一点，竟然说不需要修行和印证，而且也不承认因果关系，穿凿附会，烦琐立论，这都是与至人的意思背道而驰的。唉！若是舍弃戒、定、慧，那么必然处于混茫的空寂状态，那还能有什么办法啊！不求正识，任凭心溺识浮，使得识愈浮，业愈恶，如此发展演变到现在，不仅没有停止，而且更为严重了。

人和其他有生命的物类都有形象，生活在天地之间，多得数不清。但在一切生物中，人所占的比例却是很小的。而那些能觉悟的人就更少了。圣人虑及于此，运用多种理论加以启发，但天下仍有不明白的人。圣人为了救治这种弊端，运用多种方法加以治理，但天下仍有不清醒的人。贤者由于聪明而迷惑，不肖之人由于愚蠢而不开窍，平泛之辈由于无所事事而蒙昧。他们被外物所感发，生出喜、怒、哀、乐之情时，就更有重重阴翳，遮住本心，就像在漆黑的夜间行走，茫茫然不知该到哪里去。

他们听了圣人的理论，拿不定主意，就在心里反复算计，好像是在大雾之中极力望远。或者说有，或者说无；或者说非有，或者说非无；或者说亦有，或者说亦无。他们由于圣人所指出的事实无法亲眼得见，于是就不愿接受，所以，他们一辈子都无法觉悟。海是由水构成的，鱼龙死生都在海中，却看不到水；道就存在于心中，有的人往往整天都在谈论道，却不知道什么是自己的本心。真是可悲啊！心本来就是微妙幽远，难以指明，难以坐实的。圣人已不在了，百世之后，天下人只能看到圣人传下来的书，无法得到明确的验证，所以《坛经》的宗旨，在于直示其心，让天下人知道正性正命的重要性。这就像拨开云雾，顿见青天；就像登上泰山，一览无余。王氏将其作用以《论语》中的话来打比方说："齐国的政教，经过改革，便达到鲁国的标准；鲁国的政教，经过改革，便能合于王道。"还是比较符合实际情况的。

《涅槃经》上说："始从鹿野苑，终至跋提河，中间五十年，未曾说一字。"这就表明，佛法的精髓用文字是表现不出来的。防止用文字传法，是为了求其根本。所谓相信遵循戒法而不以人言而行，是由于法真实而人虚假；所谓相信义理而不相信语言，是由于义理真实而语言虚假；所谓相信智慧而不相信识力，是由于智慧深至而识力虚妄；所谓相信能传达义理的经典，而不相信不能传达义理的经典，是由于前者说理特别透彻。菩萨所宣说的，就是大涅槃，也就是说菩萨的宣说即等于经典。

圣人所说的四人出世（四依），是护持正法的人所应当证知的。由于应当证知，所以至人推本以正末。由于菩萨自己的宣说即等于经典，所以至人就能说经如经。由于相信义理，相信能够传达义理的经典，所以至人用语言来传达思想就能符合义理，符合经典。由于相信佛法，相信智慧，所以至人就能用隐晦的方法来表达思想，对传统加以变通，而不拘泥于一端。由于认为佛法的精髓用文字表现不出来，所以至人推崇不立文字，以心相传。圣人如万物萌生的春天，至人如万物长成的秋天。圣人开创了"传心"妙法，至人加以效法并发扬光大。至人是圣人门下具有奇德殊勋的人。

至人出身贫寒，并不识字。待到成就德业，所发表的一番宏论，其显道救世的功效，与大圣人所做的若合符契。这岂不是由于他具有高深而不显于外的品德，能够生而知之，为了向世人传布自己的法，因而才宣称不识字的吗？至人逝世差不多有四百年了，他所创制的佛法仍然流布四海，不曾中辍。四百年来，不管是帝王，还是圣贤之人，了解了至人的学说，无不非常尊敬。如果不是已达到了大圣人的境界，天早就不容了，哪能得到这样的尊敬呢？对于至人的学说，我也并不能说已透彻了解了，所幸如蚊虻饮海一般，虽不能吸尽海水，但也略知其味，因此，我非常恭敬地加以传布，使得后学之人能够周知。

真谛无圣论

原典

真谛者何？极妙绝待之谓也。圣人者何？神智有为之谓也。有为，则以言乎权；绝待，则以诣乎实。实之，所以全心而泯迹；权之，所以摄末而趋本。然则，真谛也者，岂容拟议于其间哉？聊试寓言以明其蕴耳。

夫真谛者，群心之元心也，众圣之实际也，如也，非如也，非非如也。隐群心而不昧，现圣智而不曜。神明不能测，巧历不能穷。故《般若》曰："第一真谛，无成无得。"言其体而存之，则清净空廓，圣凡泯然；言其照而用之，则弥纶万有，鼓舞群动。然则体而存之，若其本乎？照而用之，似其末乎？当其心冥于至本也，默乎清净，而绝圣弃智，是亦宜尔。

所谓第一义谛，廓然空寂，无有圣人。孰为缪乎？而秦人以为太甚迳庭，不近人情。若无圣人，而知无者谁欤？是亦未谕其微旨也。若夫凡圣知觉者，真谛之影响，妄心之攀缘[①]耳。存乎影响，即凝滞于名数[②]；以乎攀缘，则眩惑于分别。是则非圣而圣，而圣人所以大圣；无知而知，其真知所以遍知。

昔人有问于昔人曰："云何是第一义谛？"应曰："廓然无圣。"问者或曰："对朕者谁？"应曰："不识。"[③]然斯人也，非昧圣而固不识也，盖不欲人以形言，而求乎真谛者也。而问人不悟，乃复云云，刻舟求剑，远亦远矣。以指标月，其指所以在月；以言谕道，其言所以在道。顾言而不顾其道，非知道也；视指而不视其月，非识月也。所以至人常妙悟于言象之表，而独得于形骸之外。净名默尔，而文殊称善。[④]空生[⑤]以无说而说，天帝[⑥]以无闻而闻，其不然乎？

注释

①**攀缘**：佛教认为，心随外境而转移，纷驰不息，如猿攀木枝，因此叫攀缘。

②**名数**：名目之数，也叫法数，所谓三界、九地等，都是名数。

③这一段是梁武帝和达磨的对话，见《五灯会元》卷一，第一句作“如何是圣谛第一义”。

④此句中的净名即维摩诘，相传为毗耶离城之长者，以白衣奉敬沙门，常以佛法教化众人。文殊，也称文殊师利，以智慧辩才，为大菩萨中第一，因此尊号为大智文殊。维摩诘为便于传法，伪装患病，当毗离城的国王、大臣、长者、居士等来问疾时，他就即席说法。佛命文殊前往问疾，他在病室中阐述教理，宣扬“本无”和“空空”思想，受到文殊的钦佩。

⑤**空生**：须菩提。释迦牟尼十大弟子之一，古印度拘萨罗国舍卫城人。释迦在祇园精舍讲法，他闻法后皈依佛门。他善于论证诸法性空，因而被称为“解空第一”。

⑥**天帝**：忉利天的帝主，姓释迦氏，又叫帝释天。

译文

什么叫真谛？真谛就是极妙绝待的理论。什么叫圣人？圣人就是神智有为的人。有为，指的是使用各种方便方法，泯除一切差别对待，可以达到实相的境界。达到“实”，就能够保全本心，不留形迹；所谓权，则是指集纳末节，以求根本。但是，这样能把真谛的含义完全表述清楚了吗？下面，姑且试着用特定的语言来说明真谛的意蕴。

所谓真谛，是群心的本元，众圣的本体。它是如，是非如，是非非如。它能够隐去群心，却不让它迷失；它能够显现圣智，却不让它外化。它的奇妙神明无法猜测，精通历算的人也难以清楚。所以《般若经》中说：“第一真谛，无成无得。”意思是说，就其本体的实在性而言，它清净空廓，泯灭了圣凡的界限；就其推广用世的意义而言，则能包容一切，使万物受到鼓舞。然而，所谓本体的实在性，能否说是它的根本？推广而用于世，能否说是它的末节？当心达到最大的根本，而又默然清净，冥然不显时，就是绝圣弃智的境界，也就应该能够说明真谛的意思了。

所谓第一义谛，就像广阔无际的天空，只是一片空寂，其中没有圣人存在。这哪里有什么不对呢？但秦人却认为绝对的、自在的空寂不可能存在，也不近人情。因为，如果没有圣人，谁能知道无这个概念呢？这种错误的想法，是由于未能了解空寂的要义。由凡入圣的知觉过程，要对真谛的影响和妄心的攀缘有着正确认识。希求影响，就会拘泥于名数；一味攀缘，就会被事物的区别所迷惑。这样的话，以非圣而圣，所以能成为大圣；以无知而知，所以真知能够遍知。

过去梁武帝问达磨道："什么是第一义谛？"达磨答："广阔无际的天空只有空寂，没有圣人。"梁武帝又问："我面前是谁？"达磨道："不认识。"实际上，达磨并非不承认有圣人，也不是不知道圣人，他只是不希望世人只看表面现象，而要求世人去追求真谛。但梁武帝不能领悟，仍然说出这样的话，他们之间的思想距离，就像刻舟求剑，差得太远了。用手指标示月亮，是为了指出月亮的所在；用语言解说佛道，语言是为理解佛道的。只注意了语言，却忘记了佛道本身，这不能叫理解佛道；只注意了手指，而不看月亮，这不能叫认识月亮。因此，至人经常在语言和形象之外得到妙悟，超越具体形骸，有所独得。维摩诘居士善讲空无，受到文殊的称道。须菩提以无说为说，天帝以无闻为闻，不就是这个意思吗？

源流

佛教是一种外来宗教，有其特定的本质内容和特定的行为规范，因而，它在传入中国的过程中，不可避免地要和中国传统文化，特别是儒家文化产生碰撞。而早期的中国佛教徒，多是深受儒家思想影响的知识分子，他们在翻译、传播佛经的过程中，也不可避免地带有受传统思想影响的理解。因此，对儒释关系的阐述，或者说援佛入儒的思想，几乎是与佛教的大量传入同步的。

这一点，在早期的佛经翻译中，已经可以看出来了。在印度佛教经典中，有许多伦理道德学说的内容，宣扬父子、夫妇、主仆等之间的平等关系，这与中国儒家所提倡的以“君君臣臣，父父子子”为中心的高低贵贱、主从尊卑的伦理关系是不相符合的。为了适应儒家学说，东汉安世高、西晋支法度、东晋僧伽提婆等人所翻译的佛经如《尸迦罗越六方礼经》《善生子经》《善生经》等著作中，就对社会的人际关系做了相应的汰选、删节、增改，使之符合儒家的纲常名教。（参看中村元《儒教思想对佛典汉译带来的影响》，载《世界宗教研究》一九八二年第二期）

在与现实生活密切相关的政治思想和学术思想发展中，为了回应儒家的非难以及进行佛教本身的进一步整合，儒释关系不断得到了深入的讨论。在这一过程中，儒家固然多对佛教进行排斥，而佛教则多对儒家采取调和的态度。这种情形，加速了佛教的中国化进程，也呈现出中国佛教的鲜明特色。

东汉末年，在佛教传入中国百余年，并开始成为一种重要思潮时，就有牟融作《牟子理惑论》，以佛释儒。牟融自称“锐志于佛道”。在《牟子理惑论》中，他阐述自己的佛教信仰道：“至味不合于众口，大音不比于众耳。……韩非以管窥之见而让尧舜，接舆以毛牦之分而刺仲尼，皆耽小而忽大者也。……吾未解佛经之时，……虽诵五经，适以为华，未成实矣。既吾睹佛经之说，……守恬澹之性，观无为之行，还视世事，犹临天井而窥溪谷，登嵩岱而见丘垤也。五经则五味，佛道则五谷矣。吾自闻道以来，如开云见白日，炬火入冥室焉。”可见他对佛教的推崇。因此，在这部著作里，他一再表示学佛并不有悖儒业，儒释可以相通。

如有人问他：“子既耽诗书，悦礼乐，奚为复好佛道，喜异术？岂能逾经传，美圣业哉？”他回答说：“书不必孔丘之言，药不必扁鹊之方。合义者从，愈病者良。君子博取众善以辅其身。子贡云：夫子何常师之有乎！尧事尹寿，舜事务成，旦学吕望，丘学老聃。……四师虽圣，比之于佛，犹白鹿之与麒麟，燕鸟之与凤凰也。尧舜周孔，且犹学之，况佛身相好，变化神力无方，焉能舍而不学乎？”以儒家论道不论人的思想来说明学佛的必要性，对后世启发良多。

牟融援佛释儒的理论，主要集中在对孝道的论述上，可见这一独特的修行方式，传入中国不久后所引起的震动和反应。如关于出家人剃发修行，是否有违“身体发肤，受之父母，不敢毁伤”的孝道一事，牟融说：“昔齐人乘船渡江，其父堕水，其子攘臂捽头颠倒，使水从口出，而父命得苏。夫捽头颠倒，不孝莫大，然以全父之身。若拱手修孝子之常，父命绝于水矣。孔子曰：可与适道，未可与权，所谓时宜施者也。且《孝经》曰：先王有至德要道，而泰伯祝发文身，自从吴越之俗，违于‘身体发肤’之义，然孔子称之，其可谓至德矣！仲尼不以其祝发毁之也。由是而观，苟有大德，不拘于小。沙门捐家财，弃妻子，不听音，不视色，可谓让之至也。何违圣语，不合孝乎！”

又如关于出家人绝嗣是否有违“不孝有三，无后为大”的孝道一事，牟融说：“许由栖巢木，夷齐饿首阳，孔圣称其贤曰：求仁得仁者也。不闻讥其无后无货也。沙门修道德，以易游世之乐，反淑贤，以背妻子之欢。是不为奇，孰与为奇！是不为异，孰与为异！”此外，对于当时人所提出的，出家人的形貌服饰有违礼制，佛陀是夷狄之人，佛经中所说的事情难以指实等，牟融也一一根据儒家思想，做了解释和回答。

牟融的《牟子理惑论》是由于他本人推崇佛法，因而受到当时人的非议而作的，在本质上，也反映了佛教传入中国不久后所受到的儒家思想的抵制，以及佛教为了迎合儒家思想所做的努力。这部著作，虽然还没有构成一个完整的体系，但已比较全面地触及到儒释关系，特别是有关政教、纲常、伦理等方面的一些问题。因而，作为援佛入儒的第一股思潮的代表，它在中国思想史上有着重要的意义。

魏晋南北朝时期，佛教完成了自身的改造，得到进一步发展，而儒释二家的融合和沟通也更得到了加强。

三国时的康僧会，是《六度集经》的编译者。在编译过程中，他沟通大乘佛教的慈悲与中国儒学的仁爱，对佛教做了符合儒家精神的解释。据慧皎《高僧传》卷一《康僧会传》记载，康僧会曾与东吴主孙皓讨论佛理。

孙皓问：“佛教所明，善恶报应，何者是耶？”

康僧会答道：“夫明主以孝慈训世，则赤乌翔而老人见；仁德育物，则醴泉涌而嘉禾出。善既有瑞，恶亦如之。故为恶于隐，鬼得而诛之；为恶于显，人得而诛之。《易》称积恶余殃，《诗》咏求福不回。虽儒典之格言，即佛教之明训。”

孙皓接着问：“若然，则周孔已明，何用佛教？”

康僧会答：“周孔所言，略示近迹。至于释教，则备极幽微。故行恶则有地狱长苦，修善则有天宫永乐。举兹以明劝沮，不亦大哉！”牟融论儒释关系，尚是力求其同，而康僧会则进一步指出，在义理上，佛教也有儒家所不可代替之处。这是他的独特贡献。

东晋的孙绰在这个问题上，也有自己的见解。他的《喻道论》公开宣称：“周孔即佛，佛即周孔，盖内外名之耳。故在皇为皇，在王为王。佛者，……觉也。觉之为义，悟物之谓。……应世轨物，盖亦随时。周孔救极弊，佛教明其本耳。共为首尾，其致不殊。”他认为，儒释二家，一治外，一治内，作用不同，互相补充。后世每以儒为外学，释为内学，或者即与此有关。

此外，他还具体论述了佛教的去杀、行孝等符合儒家思想，如：“闻声睹生，肉至则不食。钓而不纲，弋不射宿，其于昆虫每加隐恻。至于议狱缓死，眚灾肆赦，刑疑从轻，宁失有罪，流涕授钺，哀矜勿喜，生育之恩笃矣！仁爱之道尽矣！所谓为而不恃，长而不宰，德被而功不在我，日用而万物不知。举兹以求，足以悟其归矣。”（载《全上古三代秦汉三国六朝文·全晋文》卷六十二）即注重了二家的同一性。孙绰是魏晋玄学的代表人物之一，他不仅精通儒学，也精通佛老，可以说是一个较早沟通三教的思想家。

随着佛教大盛局面的形成，东晋又出现一位在中国思想史上起着重要作用的人物——慧远。

慧远是道安的弟子，不仅精通佛法，而且对儒家思想也有很深的造诣。他在庐山传法时，不仅讲《丧服经》，而且还讲《诗经》。可见，他是有意识地会通诸家，以适应时代要求的。据载，晋室重臣桓玄有一次率军经过庐山，进山见到慧远后，带有非难性地发问：“不敢毁伤，何以翦削？”慧远立即回敬：“立身行道。”（慧皎《高僧传》卷六《慧远传》）二人问答，都用了《孝经》。桓玄以“身体发肤，受之父母，不敢毁伤，孝之始也”来责难慧远，慧远则以“立身行道，扬名于后世，以显父母，孝之终也”来回敬桓玄。可见，慧远不仅对儒典烂熟于心，而且对二家的会通也颇有心得。

慧远在中国佛教史上的贡献是多方面的，他的一些重要思想如法性本体、形尽神不灭、因果报应、弥陀净土信仰、念佛三昧等，都有着划时代的意义，而对儒释关系的阐述，则是其整个学说的一个重要组成部分。

慧远论述儒释相通的思想有着自己鲜明的特色。首先，他始终坚持二家的区别，强调佛教特有的属性。这表现在，他积极参与了当时的儒释之争，对某些重要问题如沙门应否敬王者及关于沙门袒服的评价等，都发表了自己的意见。如关于前者，他认为由于出家人“内乖天属之重而不违其孝，外阙奉主之恭而不失其敬”（《答桓太尉书》，载《中国佛教思想资料选编》第一卷，第九十九页），所以不应要求沙门敬王者。关于后者，慧远则从印度与中国的不同习俗、沙门袒服的象征意义、沙门袒服的实际功能等方面，论述了袒服的合理性。沙门若敬拜皇帝，就不好解释弃俗出世的问题；沙门若不袒服，则又失去了佛教徒的独特面貌，慧远对这些基本问题的坚持，反映了他的存异求同思想。

由异而求同往往更具有说服力，因此，慧远在许多文章中，反复阐述了儒释一致的道理。如《沙门不敬王者论》中说：“如来之与尧孔，发致虽殊，潜相影响。出处诚异，终期则同。详而辨之，指归可见。”（《弘明集》卷五）

又如《三报论》中说：“世典以一生为限，不明其外。

其外未明，故寻理者自毕于视听之内。此先王即民心而通其分，以耳目为关键者也。如令合内外之道，以求弘教之情，则知理会之必同，不惑众涂而骇其异。若能览三报以观穷通之分，则尼父之不答仲由，颜、冉对圣匠而如愚，皆可知矣。”（《弘明集》卷五）

正因为慧远通达儒释二家的根本，既知其区别所在，又知其旨归相同，所以，他的学说在当时具有极大的号召力，不仅吸引了一大批僧人，而且吸引了像刘遗民、雷次宗、周续之、宗炳等这样的知名儒士。（参看方立天《慧远及其佛学》）

刘宋以后，讨论仍在继续。其中慧琳在《白黑论》（一名《均善论》）中提出“六度与五教并行，信顺与慈悲齐立”的主张（《宋书·天竺迦毗黎传》），可谓言简意赅。梁武帝倡言周公、孔子和老子都是如来弟子（见《广弘明集》卷四《舍道事佛文》），则开了后世三教合一的先河，有着深远的意义。

六朝之末以迄隋唐之际，有两个人物值得特别提出来。一个是由北齐入隋的颜之推，一个是由隋入唐的王通。前者撰有《颜氏家训》，其中《归心篇》论述道：“内外两教，本为一体，渐极为异，深浅不同。内典初门，设五种之禁，与外书仁义五常符同。仁者，不杀之禁也；义者，不盗之禁也；礼者，不邪之禁也；智者，不酒之禁也；信者，不妄之禁也。”提出佛教五戒可通儒家五常，直接影响了唐代的宗密和宋代的契嵩。

后者撰有《中说》，其中《周公篇》论述道：“或问佛，子曰：圣人也。曰：其教何如？曰：西方之教也，中国则泥。”同篇又说：“夫通变之谓道，执方之谓器。……通其变，天下无弊法；执其方，天下无善教。”可见，王通不仅要求儒释二教的通，而且强调变，也就是如何构成一个有机的整体，以服务于政教。这一思想，显然顺应了唐初的政治，对唐初诸名臣如房玄龄、杜如晦等，也有一定的影响。

到了唐代，自太宗起，即三教并重。其后，不同的统治者由于不同的原因，或许有所偏重，但三教合一的总格局并没有被打破，而自中唐以后，更是逐步趋于定型。在这一大背景下，儒释相通的理论在各个方面都得到了表述。如法琳在《破邪论》中，针对傅奕的攻击，阐述沙门“虽形阙奉亲，而内怀其孝；礼乖事主，而心戢其恩”的道理。

神清在《圣人生第二》中，认为“释宗以因果，老氏以虚无，仲尼以礼乐，……各适当时之器，相资为美”（《北上录》卷一，载《大藏经》第五十二册）。宗密不仅撰《盂兰盆经疏》，宣扬释迦牟尼和目连的孝道，更进一步指出：“孔老释迦，皆是至圣。随时应物，设教殊途。

内外相资，共利群庶。”（《原人论·序》，载《大藏经》第四十五册）而在唐代三教合一的思潮中，值得特别提出来的是柳宗元。

柳宗元在本质上是个儒生，他对佛教的态度大致上可用“以儒统佛”四个字概括。从这一点出发，他充分肯定了二家的相通和互补。他曾说：“浮图诚有不可斥者，往往与《易》《论语》合。诚乐之，其于性情奭然，不与孔子异道。”（《柳河东集》卷二十五《送僧浩初序》）其具体表现，一方面是孝道，如《送元皓师序》中说：“释之书有《大报恩》十篇，咸言由孝而极其业。世之荡诞慢诡者，虽为其道而好违其书。于元皓师，吾见其不违且与儒合也。”（《柳河东集》卷二十五）

另一方面是政教，如《柳州复大云寺记》中说：“唯浮图事神而语大，可因而入焉，有以佐教化。”能使人“去鬼息杀，而务趣于仁爱”（《柳河东集》卷二十八）。柳宗元与韩愈是同时代人，二人又是好朋友，当然在思想上颇多相同之处。但韩愈对柳宗元的“不斥浮图”很有意见，曾专门托人带话给柳，表示批评。前面所举的《送僧浩初序》一文，实际上就是柳对韩的答复。柳宗元认为，对于佛教“吾之所取者与《易》《论语》合，虽圣人复生，不可得而斥也”。可见，他认为自己是站在儒家的立场上，以吸取众长为手段来进行复兴儒学。令人感到饶有兴味的是，韩愈也是以复兴儒学为旨归的。二人目标相同，态度和方式却有重大区别。

对于这个问题，从历史上来看，应该说以柳宗元的观点更为合理。这不仅是由于他的理论较为持平，更在于他的思想符合了中唐以后更进一步得到加强的三教合一的思潮。韩愈的过激之论之所以得不到现实的回应，原因也就在于此。

以上这些，都是契嵩所接受的思想遗产。契嵩在《辅教编》中能够全面、系统地援佛入儒，与他善于总结前人的理论是分不开的。当然，契嵩的思想并不是前人的简单重复，独特的历史条件和个人条件使他能够跨越前人，从而把儒释相通的思想发展到一个新的高度。

宋代以后，三教合一已成为稳固的思想范式，儒释关系中的政教、伦常之争，已基本上趋于解决。例如自东汉以来就一直争论不休的沙门应否敬王者以及孝道诸问题，到元代就没有什么波澜了。

德辉据唐代《禅门规式》改编的《百丈清规》(由于是奉元世祖之命修撰，因此又叫《敕修百丈清规》)中，首先是《祝厘章》和《报恩章》，以表示尊君，然后才是《报本章》和《尊祖章》，表示对佛祖和禅宗历代宗师的尊崇。这一次序的安排，标志着沙门对君权的承认，从而结束了对这个问题的争论。

明清两代，学者对儒释之间的政教、伦理关系的讨论，已经没有多少发展，但仍能变换角度进行补充和发挥。如明代佛教四大家之一的德清在其《憨山大师梦游全集》卷五《法语·示袁大涂》一文中说：“推禅定为上乘，以其能明心见性，而不知儒亦有之。颜渊问仁，子曰：‘克己复礼为仁。’己者，我执也，岂非先破我执为修禅之要？一日克己，天下归仁，岂非顿悟之妙？”把“克己”和“归仁”与“禅定”和“顿悟”相联系，这种以佛附儒的方法，也算是很独特的。

如上所述，契嵩的《辅教编》在儒释相融的思潮发展中，接续前人的思想遗产，将佛教的政教及伦理功能，提高到了一个新的层次。同时，即使从纯粹的哲学意义上看，该书也为三教合一的思想体系，尤其是理学体系的建立，做出了贡献。

唐以前的儒家学者，不大讨论性理问题。这种情形，一直要到中唐的李翱才有所转变。李翱是韩愈的学生，对儒学当然有很深的造诣。同时，他一生喜交方外人士，如著名的西堂智藏、鹅湖大义、药山惟俨、紫玉通道等，都是他的禅师或禅友。这种生活经历，不可能对他的思想没有影响，其具体表现，便反映在他所著的《复性书》三篇中。这三篇文章，极为推重《周易》《大学》和《中庸》，倡导去情复性、明致中和，而其复性的方法，则是弗思弗虑。如此论性，显然受到禅宗的很大影响，而后世的宋明理学，渊源也可以追溯于此。

如《复性书》上篇说：“人之所以惑其性者，情也。……情既昏，性斯匿矣。”又中篇说：“情者，妄也，邪也。邪与妄则无所因矣。妄情既灭，本性清明，周流六虚，所以谓之复其性也。”（《唐李文公文集》卷二）这些，与佛教经论如《大乘起信论》《圆觉经》中的某些说法，几乎没有区别。因此，贯通儒佛、倡导性理的《复性书》，可以说是宋明理学就要形成的一个信号。

契嵩的《辅教编》沿着李翱所开辟的道路，通过对性理的讨论，也体现了独特的思想价值。例如他说：“情出乎性，性隐乎情。性隐，则至实之道息矣。是故圣人以性为教，而教人。天下之动，生于情；万物之惑，正于性。情性之善恶，天下可不审乎？”把心性问题与善恶联系起来，不仅有意识地表现了佛教的人间性，而且说明了儒佛相通的道德意义。类似论述，还有很多。

进一步看，契嵩论心论性，更暗合了当时思想界的发展趋势。众所周知，宋代文化发展的一个显著标志，就是理学体系的建立。而这一体系之中，又明显吸收和融合了佛教，尤其是禅宗的心性之说。倘若把宋代理学的发展看作一个循序渐进的过程，那么，契嵩显然也占据着一个较重要的位置。对此，钱穆的论述非常精辟。

如《辅教编》中说："情而为之，其势近权；不情而为之，其势近理。性相同，情相异。异焉而天下鲜不竞，同焉而天下鲜不安。"钱评："此处分辨性情，其后程朱性即理之说，契嵩已启其端。"

又如《辅教编》中说："心必至，至必变。变者识也，至者如也。如者，妙万物者也；识者，纷万物、异万物者也。变也者，动之几也；至也者，妙之本也。万物之变见乎情，天下之至存乎性。以情可以辨万物之变化，以性可以观天下之大妙。善夫情性可以语圣人之教道也。万物同灵之谓心，心与道，岂异乎哉？"钱评："谓心与道无异，即犹宋儒谓心即理。其辨心与性情，较以前禅家言心为进矣。……曰天下之至存乎性，盖性则从同，此乃近于以后理学家程朱一派格物穷理之教。格物穷理，则即异求同也。朱子又以心属气，性属理，可谓契嵩亦已先发之。"（并见钱穆《读契嵩〈镡津集〉》，载其《中国学术思想史论丛》第五卷，第三十九—四十三页）这些，略可见出契嵩在哲学思想上会通儒释，对宋代文化思想的影响。

契嵩以后的宋代理学家如二程、张九成、吕祖谦、朱熹、陆九渊等，都曾不同程度地吸收佛家思想以建立自己的体系，对此，契嵩确实起了一定的引导作用。关于宋代诸理学家的思想形成和发展情况，此处无法细论，可参阅侯外庐等主编的《宋明理学史》一书。

解说

《辅教编》对儒释关系的阐述，除了把历史上的援佛入儒理论发展到一个新的高度外，还为我们显示了特定的文化意义。如前所述，中国儒学，特别是宋代新儒学注重从佛教，尤其是禅宗中吸取某些思想成分，因而使其有了新的发展，构成了新的思想体系。其实，从某种意义上看，这句话也可以反过来说。

佛教在传入中国的过程中，不断吸收儒家甚至道家思想，进行自身的完善，从而使其更加适合中国的国情。而与此同时，佛教的某些思想也相应得到了重新解释和重新建构。这充分说明，佛教本身是一个开放的体系，它善于包容，善于更新。多元化的哲学观，使它能够始终处在一个不断发展的过程中。同时，也应该看到，援佛入儒并不等于取消佛教。

在《辅教编》中，贯串始终的，仍是佛教的基本思想——生死、心性、因果、形神等。对儒家思想的阐发，无不服从于这些基本问题。这就坚持了立论的出发点，使得所阐述的学说成为佛教思想的深化，而不是儒家思想的同化。在这一点上，佛儒二家有着很大的共同性。佛教在中国能够压倒土生土长的道教，不断得到发展壮大，除了其本身思想体系上的原因外，与上述诸方面也不无关系。

众所周知，中国传统文化在历史上，曾经两次大规模地受到外来文化的冲击。一次是东汉末年以迄魏晋南北朝时印度佛教的传入，一次是十九世纪中叶以后西方文明的碰撞。前一次，是传统文化融合外来文化和外来文化适应传统文化的成功范例。不仅儒学善于吸取佛教中的合理因素，而且佛教在中国的发展中，也把传统儒学中与历史和现实密切相关的部分，作为能够促进佛教充满新的生机的分子加以融摄，因此，两家学说不仅能够在理论上相辅相成，而且最终导致了中国文化呈现出新的面貌。而后一次文化冲击，却以它特有的复杂性，为我们提供了许多深刻的教训。

西方文明的传入，与佛教的传入一样，最初也是通过翻译书籍开始。以后，又通过留学诸方式，扩大了国人的眼界。而洋务派的新政项目，如引进西方的船舰、枪炮、铁路等，更让古老的中国看到了一个新奇的世界。正如近代史所昭示的，当时的西方思潮受到了保守势力的极端反对。而之所以反对的理由，以下两条特别引起了我们的兴趣。一是坚持夷夏之辨，认为外国的东西如船舰等都是拙蠢之器，不如中国自己原有的好。二是虽也承认西方国家兵器精良、技术进步，但认为中国的富强应靠修本自强，只要坚持礼义之本，即可战胜外夷。这不禁使人想起佛教传入中国后的命运，就反对者而言，其立场、观点简直如出一辙。我们知道，夷夏之辨是一个搅扰中国佛教多年的问题，但正如契嵩在《辅教编》中所说："传谓彼一天下，其所统者若中国之所谓其天下者，殆有百数而中国者。以吾圣人非出中国而夷之，岂其所见之未博乎?《春秋》以徐伐莒不义，乃夷狄之；以狄人与齐人盟于刑得义，乃中国之。《春秋》固儒者圣人之法也，岂必以所出，而议其人乎?"事实也是如此，如果从是否合乎礼义来看，则夷夏之辨是毫无意义的。而所谓礼义，实质上不过是合理的现实的一个符号。

任何一种学说或思潮，只要能够促进现实社会的发展，就能够生存并壮大，不管它是本土产的还是外来的。正如夷夏之辨阻止不了佛教的发展一样，西方文明也以它特有的促进作用，渗透于中国人的生活之中。其实，如果人们善于总结儒佛相融的历史，本来是应该更客观地对待这个问题的。

历史发展到十九世纪二十年代前后，随着国门的进一步开放，中国出现了一股强大的主张全盘西化的思潮。如傅斯年说：“极端的崇外，却未尝不可。……因为中国文化后一步，所以一百件事，就有九十九件的不如人。于是乎中西的问题，常常变成是非的问题了。”（《通信》，载《新潮》第一卷第三期）陈独秀说：“若是决计革新，一切都应该采用西洋的新法子，不必拿什么国粹，什么国情的鬼话来捣乱。”（《新青年》第五卷第一号）胡适更是进行了大肆鼓吹。当然，这些理论都有特定的出发点和特定的针对性，但作为一种文化建设，忽略了吸收主体的特性，显然只是一厢情愿。相比之下，佛教也是一种外来思潮，但中国的佛教提倡者却从未试图宣布全盘佛化。这虽然受着具体的政治、社会原因的制约，但也与佛教思想家对中国社会的清醒认识有关。因此，儒家和佛家在经历了不断深化的融合过程后，才能在保有个性的前提下，形成你中有我、我中有你的局面，共同促进新思想的形成。

历史往往有惊人的相似。发展到二十世纪九十年代，整个世界范围内的文化交流和文化渗透不断得到加强。对于中国来说，如何站在一个正确的立足点上，去对待外来文化的冲击，显然是处理传统文化和现代化关系的一个必须解决的问题。在这个方面，《辅教编》中所阐述的思想或许能够提供一些有益的启示。

附录

1 上皇帝书

契嵩

十二月　日，杭州灵隐永安兰若传法沙门赐紫臣僧契嵩，谨昧死上书皇帝陛下。臣闻，事天者必因于山，事地者必因于泽，然其所因高深，则其所事者易至也。若陛下之崇高深明，则与夫山泽相万矣。适人有从事其道者，舍陛下而不即求之，虽其渠渠终身绝世，乌能得其志耶？抑又闻佛经曰，我法悉已付嘱乎国王大臣者，此正谓佛教损益弛张，在陛下之明圣矣。如此则佛之徒，以其法欲有所云为，岂宜不赖陛下而自弃于草莽乎？

臣忝佛之徒，实欲扶持其法，今者起岩穴，不远千里，抱其书而趋阙下，愿幸陛下，大赐以成就其志也。臣尝谓，能仁氏之垂教，必以禅为其宗，而佛为其祖。祖者乃其教之大范，宗者乃其教之大统。大统不明，则天下学佛者，不得一其所诣。大范不正，则不得质其所证。夫古今三学辈，竞以其所学相胜者，盖宗不明祖不正，而为其患矣。然非其祖宗素不明不正也，特后世为书者之误传耳。又后世之学佛者，不能尽考经论而校正之，乃有束教者，不信佛之微旨在乎言外；语禅者，不谅佛之能诠遗乎教内。（始草书，即云“佛之所诠概见乎教内”，及写奏时乃改曰“佛之能诠遗乎教内”，意谓佛之善巧诠发此法之语，存乎教部之内。为学徒以始草者传出，遂与奏本有异。然此二说其义皆可用。他本或云“所诠概见乎教内”者，盖两出之也。）虽一圆颅方服之属，而纷然自相是非，如此者，古今何尝稍息？

臣不自知量，平生窃欲推一其宗祖，与天下学佛辈息诤释疑，使百世而知其学有所统也。山中尝力探大藏，或经或传，校验其所谓禅宗者，推正其所谓佛祖者，其所见之书果谬，虽古书必斥之；其所见之书果详，虽古书必取之。又其所出佛祖年世事迹之差讹者，若《传灯录》之类，皆以众家传记与累代长历校之修之，编成其书，垂十余万言，命曰《传法正宗记》。其排布状，画佛祖相承之像，则曰“传法正宗定祖图”。其推会祖宗之本末者，则曰《传法正宗论》，总十有二卷。又以吴缣绘画其所谓“定祖图”者一面。

在臣愚浅，自谓吾佛垂教仅二千年，其教被中国殆乎千岁，禅宗传于诸夏仅五百年，而乃宗乃祖其事迹本末，于此稍详，可传以补先圣教法万分之一耳。适当陛下，以至道慈德治天下，天地万物和平安裕，而佛、老之教，得以毗赞大化。陛下又垂神禅悦，弥入其道妙，虽古之帝王百代，未有如陛下穷理尽性之如此也。是亦佛氏之徒，际会遭遇陛下万世之一时也。臣所以拳拳恳恳，不避其僭越冒犯之诛，辄以其书与图偕上进，欲幸陛下垂于大藏与经律皆传。臣蝼蚁之生已及迟暮，于世固无所待，其区区但欲教法不微不昧，而流播无穷。人得资之而务道为善，臣虽死之日，犹生之年也。非敢侥幸，欲忝陛下雨露之渥泽耳。其所证据明文，皆出乎大经大论，最详于所谓《传法正宗论》与其《定祖图》者。傥陛下，天地垂察，使其得与大赐，愿如《景德传灯录》《玉英集例》，诏降“传法院”，编录入藏，即臣生死之大幸耳，抑亦天下教门之大幸也。如陛下睿断，允臣所请，乞以其书十有二卷者，特降中书，施行其《传法正宗记》与其《定祖图》，兼臣旧著《辅教编》印本者一部三册，其书亦推会二教圣人之道，同乎善世利人矣。谨随书上进，干渎冕旒，臣不任激切屏营之至，诚惶诚恐，谨言。

（选自江北刻经处本《传法正宗记》）

2　镡津明教大师行业记

陈舜俞

宋熙宁五年六月初四日，有大沙门明教大师示化于杭州之灵隐寺。世寿六十有六，僧腊五十有三。是月八日，以其法荼毗，敛其骨，得六根之不坏者三，顶骨出舍利，红白晶洁，状若大菽者三，及常所持木数珠亦不坏。于是邦人僧士，更相传告，骇叹顶礼。越月四日，合诸不坏者，葬于故居永安院之左。其存也，尝与其交居士陈舜俞，极谈死生之际，而已属其后事，兹用不能无述也。

师讳契嵩，字仲灵，自号潜子，藤州镡津人，姓李，母钟氏。七岁而出家，十三得度落发，明年受具戒。十九而游方，下江湘，陟衡庐。首常戴观音之像，而诵其号日十万声。于是世间经书章句不学而能，得法于筠州洞山之聪公。庆历间，入吴中，至钱塘，乐其湖山，始税驾焉。

当是时，天下之士学为古文，慕韩退之排佛而尊孔子，东南有章表民、黄聱隅、李泰伯，尤为雄杰，学者宗之。仲灵独居，作《原教》《孝论》十余篇，明儒释之道一贯，以抗其说。诸君读之，既爱其文，又畏其理之胜，而莫之能夺也，因与之游。遇士大夫之恶佛者，仲灵无不恳恳为言之，由是排者浸止，而后有好之甚者，仲灵唱之也。

所居一室，萧然无长物，与人清谈，靡靡至于终日。客非修洁行谊之士，不可造也。时二卿郎公引年谢归，最为物外之友。尝欲同游径山，有行色矣，公亦风邑豪预焉，冀其见仲灵，而有以尊养之。仲灵知之，不肯行，使人谢公曰："从吾所好，何必求富而执鞭哉？"凡其洁清，类如此。

皇祐间，去居越之南衡山，未几罢归，复著《禅宗定祖图》《传法正宗记》。仲灵之作是书也，慨然悯禅门之陵迟，因大考经典，以佛后摩诃迦叶独得大法眼藏为初祖，推而下之，至于达磨为二十八祖，皆密相付嘱，不立文字，谓之教外别传者。居无何，观察李公谨得其书，且钦其高名，奏赐紫方袍。仲灵复念，幸生天子大臣护道达法之年，乃抱其书以游京师，府尹龙图王仲义，果奏上之。仁宗览之，诏付传法院编次，以示褒宠，仍赐“明教”之号。仲灵再表辞，不许。朝中自韩丞相而下，莫不延见而尊重之。留居悯贤寺，不受，请还东南。

已而浮图之讲解者，恶其有别传之语，而耻其所宗不在所谓二十八人者，乃相与造说以非之。仲灵闻之，攘袂切齿，又益著书，博引圣贤经论、古人集录为证，几至数万言。士有贤而好佛者，往往诣而诉其冤。久之，虽平生厚于仲灵者，犹恨其不能与众人相忘于是非之间。及其亡也，三寸之舌，所以论议是是非非者，卒与数物不坏以明之。呜呼！使其与夺之不公，辩说之不契乎道，则何以臻此哉！虽然，仲灵之所以自得而乐诸已者，盖不预于此，岂可为浅见寡闻者道耶？

仲灵在东南最后密学，蔡君谟之帅杭也，延置佛日山，礼甚厚，居数年。然言高而行卓，不少假学者，人莫之能从也。有弟子曰慈愈、洞清、洞光。所著书自《定祖图》而下，谓之《嘉祐集》，又有《治平集》，凡百余卷，总六十有余万言。其甥沙门法灯，克奉藏之，以信后世云。熙宁八年十二月五日记。

（选自扬州藏经院本《镡津文集》卷首）

3 明教嵩禅师

惠洪

禅师名契嵩，字仲灵，自号潜子，生藤州镡津李氏。七岁，母钟施以事东山沙门某，十三得度，受具。

十九游方，时宁风有异女子姚精严而住山，时年百余岁，面如处子。嵩造焉，女子留之信宿。中夜闻池中有如戛铜器声，以问女子，女子曰："噫，此龙吟也，闻者瑞征，子当有大名于世，行矣无滞。"于是下沅湘，陟衡岳，谒神鼎諲禅师。諲与语奇之，然无所契悟。游袁筠间，受记莂于洞山聪公。嵩夜则顶戴观世音菩萨之像，而诵其号必满十万乃寝，以为常。自是世间经书章句，不学而能。

是时天下之士学古文，慕韩愈拒我以遵孔子，东南有章表民、黄聱隅、李泰伯尤雄杰者，学者宗之。嵩作《原教论》十余万言，明儒释之道一贯，以抗其说，读之者畏服。

未几复游衡岳，罢归著《禅宗定祖图》《传法正宗记》，其志盖悯道法陵迟，博考经典，以佛后摩诃迦叶独得大法眼藏为初祖，推之下，至于达磨多罗为二十八祖，密相付嘱，不立文字，谓之教外别传。书成游京师，知开封府龙图王公素奏之，仁宗皇帝览之加叹，付传法院编次入藏。下诏褒宠赐紫方袍，号“明教”。嵩再奏辞让，不许。宰相韩琦、大参欧阳修皆延见而尊礼之。留居闵贤寺，不受，再请东还。于是律学者憎，疾相与造说以非之。嵩益著书，援引古今左证甚明，几数万言，禅者增气，而天下公议翕然归之。

熙宁五年六月四日晨兴，写偈曰：“后夜月初明，吾今独自行；不学大梅老，贪闻鼯鼠声。”至中夜而化。阇维敛六根之不坏者三，顶骨出舍利，红白晶洁，状如大菽。常所持数珠亦不坏。道俗合诸不坏，葬于故居永安院之左。阅世六十有六，坐五十有三夏。有文集总百余卷，六十万言，其甥法澄克奉藏之，以信后世。嵩居钱塘佛日禅院（或云惠日禅师），应密学蔡公襄所请也。东坡曰：“吾入吴，尚及见嵩，其为人常嗔。”盖嵩以嗔为佛事云。

赞曰：“是身聚沫耳，特苦业所持，实本一念。《首楞严》曰：由汝念虑，使汝色身。身非念伦，汝身何因？

随念所使，然但名为融通妄想；念常清净，正信坚固，则名善根功德之力。”嵩生而多闻，好辩而常嗔。死而火之，目舌耳毫为不坏，非正信坚固功德力乎？余尝论，人之精诚不可见，及其化也，多雨舍利。譬如太平无象，而烝枯朽为菌芝，嵩其尤著闻者，聪公可谓有子矣。

（选自《禅林僧宝传》卷第二十七，《续藏经》第一辑第二编乙第十套第三册）

4　明教契嵩禅师

念常

明教契嵩禅师，字仲灵，藤州镡津李氏子也。七岁出家，既受具，尝戴观音像，诵其名号，一日十万声。经传杂书，靡不博究。得法洞山聪公。

明道间，从豫章西山欧阳氏昉借其家藏之书，读于奉圣院，遂以佛五戒十善通儒之五常，著为《原教篇》。是时，欧阳文忠公慕韩昌黎排佛，盱江李泰伯亦其流。嵩乃携所业三谒泰伯，以儒释吻合，且抗其说。李爱其文之高，理之胜，因致书誉嵩于欧阳。

既而居杭之灵隐，撰《正宗记》《定祖图》，赍往京师。经开封府，投状府尹王公素。仲仪以札子进之曰："臣今有杭州灵隐寺僧契嵩，经臣陈状，称禅门传法祖宗未甚分明，教门浅学各执传记，古今多有争竞。故讨论大藏，备得禅门祖宗本末。因抚繁撮要，撰成《传法正宗记》一十二卷，并画祖图一面，以正传记谬误。兼著《辅教篇》印本一部三卷，上陛下书一封，并不干求恩泽，乞臣缴进。臣于释教粗曾留心，观其笔削注述，故非臆论，颇亦精致。陛下万机之暇，深得法乐，愿赐圣览。如有可采，乞降中书看详，特与编入大藏目录。取进止。”仁庙览其书，可其奏敕。送中书丞相韩魏公、参政欧阳文忠公，相与观叹。探经考证，既无讹谬，于是朝廷旌以明教大师，赐书入藏。

中书札子有曰：“权知开封府王素奏，杭州灵隐寺僧契嵩撰成《传法正宗记》并《辅教编》三卷，宜令传法院于藏经收附，传法院准此。”由是名振海内。

已而东还，属蔡公襄为守，延置佛日山居数年，退老于灵隐永安精舍。熙宁五年示寂，阇维六根不坏者三，曰眼、曰舌、曰童真，与顶骨数珠为五舍利，红白晶洁，状如大菽。葬于永安之左。

（选自江北刻经处本元念常集《佛祖历代通载》第二十八卷）

5 《四库全书总目·镡津集》提要

《镡津集》二十二卷，宋释契嵩撰。契嵩姓李氏，字仲灵，自号潜子，藤州镡津人。七岁出家，通经书章句，肆意游览。庆历间，至杭州，乐其风土，因居灵隐寺。皇祐间，入京师，作万言书上之仁宗，赐号明教大师。寻还山而卒。契嵩深通内典，锐然以文章自任，尝作《原教》《孝论》十余篇，明儒释之一贯，以与当时排佛者抗。又作《非韩》三十篇，以力诋韩愈。又作《论原》四十篇，以阴申其援儒入墨之旨。其说大抵偏驳不可信，而其笔力雄伟，辨论蜂起，实能自成一家之言，盖亦彼教中之健于文者也。是编为明弘治己未嘉兴僧如及吾之所刊，凡文十九卷，诗二卷，附他人所作序赞诗题疏一卷。卷首有陈舜俞所撰《行业记》，称契嵩所著，自《定祖图》而下为《嘉祐集》《治平集》，凡百余卷，盖兼宗门语录言之。此集仅载诗文，故止有此数。王士祯《居易录》称其诗多秀句，而云集止十三卷，是所见篇帙更少，不及此本之完备矣。

参考书目

1.《大藏经》《大藏经》刊行会影印出版　新文丰出版社　一九八三年版

2.《六度集经》 康僧会译 《大藏经》第三册

3.《法华经》 鸠摩罗什译 《大藏经》第九册

4.《华严经》 佛驮跋陀罗译 《大藏经》第九册

5.《涅槃经》 昙无谶译 《大藏经》第十二册

6.《敕修百丈清规》 德辉撰 《大藏经》第四十八册

7.《佛祖统纪》 志磐撰 《大藏经》第四十九册

8.《历代佛祖通载》 念常集 《大藏经》第四十九册

9.《高僧传》 慧皎撰 《大藏经》第五十册

10.《续高僧传》 道宣撰 《大藏经》第五十册

11.《道宣律师感通录》 道宣撰 《大藏经》第五十二册

12.《北山录》 神清撰 《大藏经》第五十二册

13.《镡津文集》 契嵩撰 《大藏经》第五十二册

14.《卍续藏经》 新文丰出版公司影印《卍续藏经》会编印 一九八三年再版本

15.《憨山大师梦游全集》《卍续藏经》第一二七册

16.《弘明集》 僧祐撰 《四部丛刊》本

17.《广弘明集》 道宣撰 《四部丛刊》本

18.《法苑珠林》 道世撰 《四部丛刊》本

19.《坛经校释》 惠能撰、郭朋校释 中华书局 一九八三年版

20.《宋高僧传》 赞宁撰 中华书局 一九八七年版

21.《五灯会元》 普济撰 中华书局 一九八四年版

22.《镡津集》 契嵩撰 《四库全书》本

23.《镡津文集》 契嵩撰 清光绪二十八年 扬州藏经院刊本

24.《中国佛教思想资料选编》第一卷、第三卷第一册 石峻等编 中华书局 一九八一年、一九八七年版

25.《周易译注》 黄寿祺等译注 上海古籍出版社

一九八九年版

26.《尚书译注》 王世舜译注　四川人民出版社　一九八二年版

27.《论语译注》 杨伯峻译注　中华书局　一九八〇年版

28.《孟子译注》 杨伯峻译注　中华书局　一九六〇年版

29.《大学中庸今译》 夏延章译注　江西人民出版社　一九八三年版

30.《十三经注疏》 中华书局　一九八〇年影印本

31.《礼记》《十三经注疏》本

32.《诗经》《十三经注疏》本

33.《孝经》《十三经注疏》本

34.《史记》 司马迁撰　中华书局　一九五九年版

35.《宋书》 沈约撰　中华书局　一九七四年版

36.《南齐书》 萧子显撰　中华书局　一九七二年版

37.《旧唐书》 刘昫等撰　中华书局　一九七五年版

38.《新唐书》 欧阳修等撰　中华书局　一九七五年版

39.《宋史》 脱脱等撰　中华书局　一九七七年版

40.《郡斋读书志》 晁公武撰 《四部丛刊》本

41.《四库全书总目》 永瑢等撰　中华书局　一九六五年影印本

42.《列子》 列御寇撰 《四部备要》本

43.《淮南鸿烈解》 刘安撰，许慎、高诱注 《四部丛刊》本

44.《颜氏家训集解》 颜之推撰、王利器集解　上海古籍出版社　一九八〇年版

45.《中说》 王通撰 《丛书集成》本

46.《渑水燕谈录》 王辟之撰　中华书局　一九八三年版

47.《湘山野录》 文莹撰　中华书局　一九八四年版

48.《昌黎先生文集》 韩愈撰 《四部丛刊》本

49.《唐李文公文集》 李翱撰 《四部丛刊》本

50.《欧阳文忠公集》 欧阳修撰 《四部丛刊》本

51.《全上古三代秦汉三国六朝文》 严可均辑　中华书局　一九五八年影印本

52.《全唐文》 董诰等编　中华书局　一九八三年影印本

53.《全宋文》 曾枣庄等编　巴蜀书社　一九八六年起陆续出版

54.《中国佛教史籍概论》 陈垣撰　中华书局　一九六二年版

55.《汉魏两晋南北朝佛教史》 汤用彤撰　中华书局　一九八三年版

56.《中国学术思想史论丛》第五册　钱穆撰　东大图书公司　一九七八年版

57.《慧远及其佛学》 方立天撰　中国人民大学出版社　一九八四年版

58.《佛教手册》 宽忍编撰　中国文史出版社　一九九一年版

59.《佛教与中国文化》 张曼涛编　上海书店　一九八七年影印本

60.《宋明理学史》 侯外庐等编　人民出版社　一九八四年版

61.《中国儒学思想史》 张岂之等编　陕西人民出版社　一九九〇年版

62.《传统文化与现代化》 许君贤等编　中国人民大学出版社　一九八七年版

63.《中国大百科全书・宗教卷》 罗竹风等编　中国大百科全书出版社　一九八八年版

（本书在翻译过程中，某些地方参考了今人的有关成果，限于体例，未能一一注出。凡有关著作，一并列于参考书目中，特此说明。）

出版后记

星云大师说:“我童年出家的栖霞寺里面，有一座庄严的藏经楼，楼上收藏佛经，楼下是法堂，平常如同圣地一般，戒备森严，不准亲近一步。后来好不容易有机缘进到藏经楼，见到那些经书，大都是木刻本，既没有分段也没有标点，有如天书，当然我是看不懂的。”大师忧心《大藏经》卷帙浩繁，又藏于深山宝刹，平常百姓只能望藏兴叹；藏海无边，文辞古朴，亦让人望文却步。在大师倡导主持下，集合两岸近百位学者，经五年之努力，终于编修了这部多层次、多角度、全面反映佛教文化的白话精华大藏经——《中国佛教经典宝藏》，将佛教深睿的奥义妙法通俗地再现今世，为现代人提供学佛求法的方便途径。

完整地引进《中国佛教经典宝藏》是我们的夙愿，

三年来，我们组织了简体字版的编审委员会，编订了详细精当的《编辑手册》，吸收了近二十年来佛学研究的新成果，对整套丛书重新编审编校。需要说明的是此次出版将丛书名更改为《中国佛学经典宝藏》。

佛曰：一旦起心动念，也就有了因果。三年的不懈努力，终于功德圆满。一百三十二册，精校精勘，美轮美奂。翰墨书香，融入经藏智慧；典雅庄严，裹沁着玄妙法门。我们相信，大师与经藏的智慧一定能普应于世，济助众生。

东方出版社